Nicole Puchel

ERNÄHRUNG
FÜR DICH & MICH

NATALIE
STADELMANN

ERNÄHRUNG
FÜR DICH & MICH

Richtig essen in Schwangerschaft und **Stillzeit**

Mit Hebammen-Tipps von Ingeborg Stadelmann

Inhalt

Vorwort

Sie sind schwanger? Eine der vielen Fragen, die Sie jetzt beschäftigen werden, ist: Was muss meine Ernährung beinhalten, damit das Kind einen guten Start hat?

Dieses Buch gibt eine Antwort – umfassend und kompetent. Deshalb wird es für Sie in den kommenden Monaten ein wichtiger Begleiter werden.

Sie finden die wichtigsten Informationen zu den Grundnährstoffen wie Eisen, Folsäure, Zink und Jod sowie deren Bedarf in der Schwangerschaft bis zur Stillzeit. Sie werden lernen, dass Lebensmittel tatsächlich Heilmittel sein können und den Nährstoff- und Energiebedarf liefern, den Mutter und Kind benötigen. Das gesamte Wissen zur Prophylaxe von Allergien sowie Tipps zur Ernährung bei Schwangerschaftsbeschwerden machen das Buch komplett.

Eine genussreiche und ausgewogene Ernährung der Mutter ist auch die optimale Grundlage für erfolgreiches Stillen. Wenn diese sich paart mit einem natürlichen und gesunden Vertrauen zu sich selbst und der Liebe zum Kind, dann sind die Weichen für eine lange Stillzeit bereits gestellt.

Herzstück dieses Buches sind die Rezepte, um sich in dieser spannenden Zeit gesund und vielseitig zu ernähren und damit den Grundstein für das Leben des Kindes zu legen. Ob zum Frühstück oder für ein Mittag- oder Abendessen – die Rezepte von Natalie Stadelmann sind wahre Appetitmacher. Bei ihrer Auswahl hat sie an die Vegetarierinnen genauso gedacht wie an die Frauen, die gerne ein Stück gutes Fleisch essen oder Fisch den Vorzug geben. Auch die Süßschnäbel unter Ihnen kommen nicht zu kurz. Nicht vergessen wurden die wichtigen Zwischenmahlzeiten.

Ich kann Ihnen dieses Buch mit uneingeschränkt gutem Gewissen ans Herz legen. Dieser Ratgeber wird Sie durch eine Zeit begleiten, in der es wichtig ist, sich mit frischer und vollwertiger Kost zu ernähren, um guter Hoffnung sein zu können. Eine glückliche Schwangerschaft mit Freude am Essen für zwei wünscht Ihnen
Ihre

Ingeborg Stadelmann

GESUNDER
GENUSS FÜR
ZWEI

Ernährung in der Schwangerschaft

Allgemeine Empfehlungen

Schwanger! Ein ganz besonderer Lebensabschnitt beginnt. 40 Wochen lang versorgt Ihr Körper das heranwachsende Leben. Entsprechend wichtig ist es nun, dass Sie sich ausgewogen und gesund ernähren. Nicht nur das rasche Wachstum und die Entwicklung Ihres Kindes, sondern auch die Veränderungen in Ihrem Körper, die Vorbereitung auf das Muttersein, das Stillen und die erste aufregende Zeit mit dem Neugeborenen erfordern eine ausreichende Energie- und Nährstoffzufuhr. „Essen für zwei" bedeutet aber nicht, von Beginn an von allem das Doppelte zu essen. Es bedeutet vielmehr, sich abwechslungsreich, gesund und ausgewogen zu ernähren. Nicht nur ein gesunder Gewichtsverlauf und ausreichend wertvolle Nahrungsbausteine spielen dabei eine wichtige Rolle, auch vielseitige und natürliche Geschmackseindrücke, die Ihr Baby beim Schlucken des Fruchtwassers bekommt, sind von Bedeutung.

Im Rahmen einer gesunden Schwangerschaftsernährung gibt es Lebensmittel, die Sie in den kommenden Monaten zum Schutz der Gesundheit Ihres Babys meiden sollten. Dazu gehören Speisen, die Krankheitserreger übertragen können, oder Genussgifte, die die Entwicklung des Ungeborenen beeinträchtigen.

Auch ein Zuviel an Energiezufuhr in Form von Süßem und raffinierten Fetten ist nicht empfehlenswert. Achten Sie stattdessen auf eine abwechslungsreiche und ausgewogene Kost mit reichlich frischem Obst und Gemüse, Vollkorngetreiden, Milchprodukten, hochwertigen Pflanzenölen, nach Belieben Fleisch, Fisch, Eiern, Hülsenfrüchten und ab und zu einer süßen Belohnung.

Um eine ausgewogene Ernährung zu sichern, sollten Sie sich täglich aus allen Lebensmittelgruppen bzw. Ebenen der Ernährungspyramide bedienen. Grafisch veranschaulicht, sieht das wie nachfolgend abgebildet aus. Die Menge einer Portionsgröße entspricht dabei einer gefüllten Handfläche bzw. bei leichter Kost wie Salat oder zerkleinertem Gemüse und kleinen Früchten, z. B. Erdbeeren, einer aus zwei Händen gebildeten Schüssel.

Durch die pränatale Geschmacksprägung kann sich Ihr Kleines bereits im Mutterleib an mannigfaltige Eindrücke gesunder Lebensmittel gewöhnen.

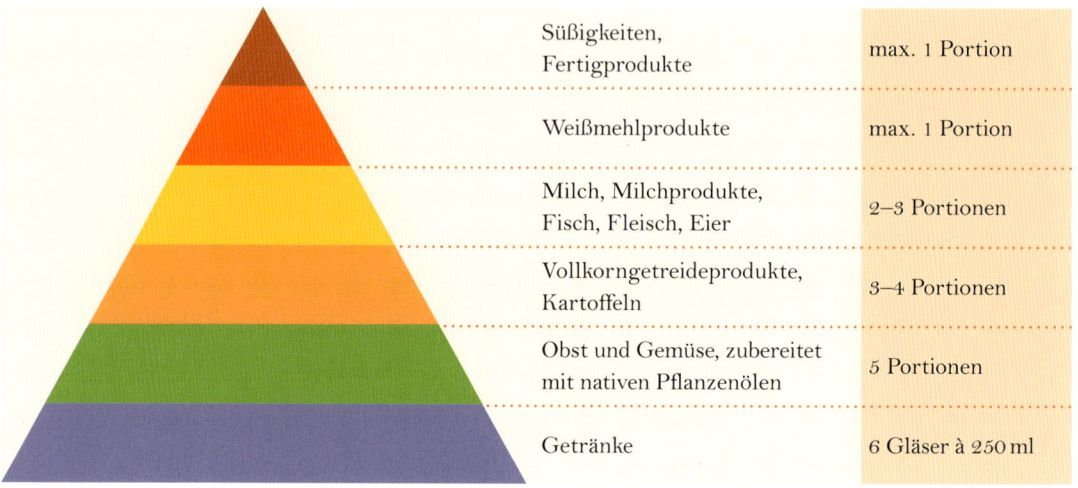

Süßigkeiten, Fertigprodukte	max. 1 Portion
Weißmehlprodukte	max. 1 Portion
Milch, Milchprodukte, Fisch, Fleisch, Eier	2–3 Portionen
Vollkorngetreideprodukte, Kartoffeln	3–4 Portionen
Obst und Gemüse, zubereitet mit nativen Pflanzenölen	5 Portionen
Getränke	6 Gläser à 250 ml

© Natalie Stadelmann

Gewichtszunahme während der Schwangerschaft

Zu Beginn einer Schwangerschaft macht sich häufig das kleine werdende Leben erst einmal durch morgendliche Übelkeit, manchmal sogar Erbrechen, Erschöpfung und andauernde Müdigkeit bemerkbar. Gehören Sie zu den Frauen, die durch diese ersten Beschwerden zu Anfang vielleicht sogar ein paar Kilogramm an Gewicht einbüßen, so müssen Sie sich deswegen keine Sorgen machen. Erst ab dem zweiten Schwangerschaftsdrittel steigen der Energiebedarf und auch das Körpergewicht merklich an. Auf jeden Fall aber spüren Sie jetzt schon, dass Ihnen nicht mehr alle Lebensmittel gut bekommen, bei manchen Frauen sogar schon der Geruch nach bestimmten Stoffen zu Unwohlsein führt. Zum Trost sei gesagt: Die meisten dieser Anfangsbeschwerden verschwinden gegen Ende des ersten Trimenons (Schwangerschaftsdrittel), ab der 12.–14. Schwangerschaftswoche (SSW) blühen die meisten Frauen förmlich auf und genießen die Schwangerschaft. Mit dann gesteigertem Appetit geht folglich nach und nach auch die Gewichtskurve nach oben. Nicht nur der Bauch beginnt sich dann zu runden, auch Hüften und Gesäß werden merklich breiter.

Erst ab dem zweiten Trimenon steigen Energiebedarf und Körpergewicht merklich an.

Die derzeitigen Empfehlungen sehen eine Gewichtszunahme während der Schwangerschaft von etwa 10–16 kg vor, wobei bei normalgewichtigen Frauen eine höhere Gewichtszunahme unbedenklicher ist als bei Schwangeren, die vor der Schwangerschaft schon ein höheres Körpergewicht hatten. Studien zeigen, dass sich das Körpergewicht bei Beginn der Schwangerschaft stärker auf die Gesundheit von Mutter und Kind auswirkt als die Gewichtszunahme während der Schwangerschaft. Ein erhöhter Body-Mass-Index (BMI) und damit erhöhtes Gewicht, bezogen auf die Körpergröße der Mutter, begünstigt das Risiko für Schwangerschaftsdiabetes und Bluthochdruck wie auch die Neigung zu Übergewicht beim Kind.

Während der Schwangerschaft ist eine gewichtsreduzierende Diät allerdings absolut tabu. Ihr Körper und auch der des Ungeborenen brauchen eine Vielzahl wichtiger Nährstoffe, die nur durch eine ausgewogene Kost zu decken sind. Außerdem werden bei der Auflösung von Fettdepots gleichzeitig gespeicherte Schadstoffe freigesetzt, die dann wiederum über die Plazenta zu Ihrem Kind gelangen und somit seine Gesundheit gefährden können.

Neben der richtigen Ernährung spielt auch schonende und regelmäßige Bewegung während der gesamten Schwangerschaft eine wichtige Rolle. Möchten Sie allzu vielen Schwangerschaftspfunden vorbeugen, dann treiben Sie sanften Sport – am besten an der frischen Luft. So profitiert Ihr Baby zudem von einer extra Portion Sauerstoff.

Die zusätzlichen Kilos im Verlauf der Schwangerschaft setzen sich zusammen aus dem Gewicht von Kind, Plazenta und Fruchtwasser sowie der mütterlichen Zunahme des Gewebes von Brüsten, Gebärmutter, des erhöhten Blutvolumens, Körperwasser und Fettdepots. Sie sehen also, es bestimmen mehrere Faktoren eine Zunahme des Körpergewichtes und bei ganz vielen Frauen bleibt nach der Geburt nur wenig davon in Form von Körperfett hängen. Und selbst diese Reserven lösen sich im Laufe der Stillzeit wie von selber auf bzw. sind notwendige Energiespeicher und verhindern den Abbau von Depotfett und damit auch die Freisetzung möglicher Schadstoffeinlagerungen.

Verteilung der Gewichtszunahme
Kind: 2500–3500 g;
Fruchtwasser: etwa 1000 g;
Plazenta: 500–700 g;
Gebärmutter: 900–1500 g;
Brüste: bis zu 500 g;
Wasserzunahme im Gewebe und Blutvolumen: etwa 3000–6000 g;
Depotfett: 1000–2000 g

Achten Sie während der Stillzeit mit einer ausgewogenen Ernährung darauf, nicht unter Ihr Ausgangsgewicht zu Beginn der Schwangerschaft zu kommen.

Dass die Gewichtszunahme sehr individuell ist, zeigen auch Beispiele von Müttern, die mit nur 5 Kilogramm Gewichtszunahme gesunde und normalgewichtige Babys zur Welt gebracht haben, im Übrigen genauso wie werdende Mütter mit 20 Kilogramm Gewichtszunahme, die z. B. viel Wasser eingelagert haben, das aber schon durch die Hormonumstellung im Wochenbett wieder ausgeschwitzt wurde und dadurch zu einer ganz raschen Gewichtsabnahme geführt hat. Das Kind holt sich auf jeden Fall von der Mutter, was es braucht. Angesichts unserer Nahrungsvielfalt und Ernährungsweise sind Mangelerscheinungen selten. Im Zweifelsfall hat die Mama entsprechend niedrige Reserven für die Stillzeit. Diese sollten dann spätestens im Wochenbett gut erhalten, besser noch aufgefüllt werden.

Die durchschnittliche Gewichtszunahme beträgt in den ersten zwei Schwangerschaftsdritteln etwa 300 Gramm pro Woche, im letzten Drittel steigt sie dann auf etwa 500 Gramm pro Woche. Die letzten Wochen vor der Geburt kann die Gewichtszunahme aber auch wieder stagnieren, manche Schwangere nehmen sogar unmittelbar vor dem Geburtstermin wieder leicht ab.

> Haben Sie dennoch Sorgen wegen Ihres Gewichtsverlaufs, sprechen Sie unbedingt mit einer Hebamme Ihres Vertrauens.

> **Gewichtszunahme im Verlauf der Schwangerschaft**
> 1.–12. Woche: etwa 1–3 kg;
> 13.–26. Woche: etwa 5 kg;
> 27.–40. Woche: etwa 6,5 kg;
> gesamt etwa 10–16 kg

Erhöhter Nährstoffbedarf in der Schwangerschaft

Sind Nahrungsergänzungsmittel in der Schwangerschaft notwendig und sinnvoll? Die Palette von Nahrungsergänzungsmitteln für Schwangere ist groß, angefangen bei angereicherten Fruchtsäften bis zu diversen Tabletten und Kapseln. Viele werdende Mütter sind dadurch verunsichert, und auch Experten sehen den Umgang mit hoch dosierten Vitamin- und Mineralstoffpräparaten kritisch.

Es ist unbestritten, der Bedarf an einigen Nährstoffen steigt mit der Schwangerschaft an, stärker sogar als der zusätzliche Energiebedarf. Genau aus diesem Grund ist es wichtig, auf eine ausgewogene und nährstoffreiche Kost zu achten. Kann sich die werdende Mutter entsprechend gesund ernähren, sind teure Zusatzpräparate in der Regel überflüssig.

Idealerweise sollten sich Frauen mit Kinderwunsch schon ab einer möglichen Empfängnis mit ihrer Ernährung auseinanderset-

Genießen Sie in der Schwangerschaft eine ausgewogene und nährstoffreiche Kost mit viel frischem Obst und Gemüse.

zen. Denn nicht nur die Fruchtbarkeit und Empfängnisbereitschaft wird dadurch verbessert, auch die Depots an wichtigen Vitaminen und Mineralstoffen können so optimal aufgefüllt werden.

Die wichtigsten Vitamine und Mineralstoffe während der Schwangerschaft möchte ich Ihnen im Folgenden genauer erläutern. Mit wenigen Ausnahmen kann der Mehrbedarf an Nährstoffen in der Schwangerschaft und in der Stillzeit mit einer gezielten Lebensmittelauswahl und einer ausgewogenen Ernährung gedeckt werden.

Folsäure

Besonders wichtig ist in der Frühschwangerschaft das B-Vitamin Folat (dessen industriell synthetisch hergestellte Form Folsäure genannt wird). Nehmen die meisten Frauen schon vor der Schwangerschaft zu wenig davon auf, steigt der Bedarf während der Schwangerschaft nochmals um fast 100 Prozent auf 550 µg Folat-Äquivalent (die bezeichnende Einheit für verschiedene folatwirksame Verbindungen) täglich an.

Im Zweifel beraten Sie Hebamme, Frauenarzt, Apotheker oder Ernährungsberater. Alle Referenzwerte für die Nährstoffzufuhr finden Sie aktuell auf der Website der Deutschen Gesellschaft für Ernährung (DGE) unter www.dge.de.

Erbsen und andere grüne Gemüsesorten liefern eine Menge wertvolles Folat – besonders wichtig schon zu Beginn der Schwangerschaft.

Folatgehalt in Lebensmitteln
(µg Folat-Äquivalent/100 g)

Weizenkeim	520
Hühnereigelb	162
Haferflocken	87
Feldsalat	145
Brokkoli	114
Spinat	145
Erbse	159
Sauerkirsche	75
Erdbeere	43
Walnuss	77
Mandel (süß)	45

Eine besonders wichtige Rolle spielen Folate neben Zellteilung und Wachstum beim Verschluss der Neuralplatte zum Neuralrohr. Dies geschieht schon zu einem sehr frühen Zeitpunkt, zwischen dem 21. und 28. Schwangerschaftstag, also dann, wenn so manche werdende Mutter noch gar nichts von ihrem Glück weiß. Experten raten deswegen schon ab der Nachwuchsplanung zu einer zusätzlichen Folsäurezufuhr von täglich 400 µg. Dies ist insbesondere wichtig, wenn die Frau zuvor mit der Antibabypille verhütet hatte, denn die Pille gilt als Folaträuber. Ob die Einnahme von Folsäurepräparaten bis zum Ende des ersten Trimenons (oder gar länger und sogar über die Schwangerschaft hinaus bis in die Stillzeit) beibehalten werden sollte, ist in der Fachwelt umstritten und muss sicherlich individuell geklärt werden.

Möchten Sie Ihren Bedarf durch entsprechende Nahrungsmittel decken, achten Sie auf frische, folatreiche Lebensmittel. Dies sind vor allem grünes Gemüse, Salate, Tomaten, Nüsse, Vollkornprodukte und Eier. Beachten Sie auch, dass Folatverbindungen sehr sauer-

stoff-, hitze- und lichtempfindlich sind. Lagern Sie deshalb Ihre
Lebensmittel immer entsprechend lichtgeschützt (am besten
im Kühlschrank), und zerkleinern Sie sie erst unmittelbar vor dem
Verzehr. Aufgrund der Wasserlöslichkeit empfiehlt es sich, auch
Salate und Gemüse nur kurz zu waschen bzw. zugedeckt in wenig
Wasser zu dünsten. Die Deckung des Folatbedarfs ist durchaus
durch die tägliche Ernährung möglich, allerdings muss dabei auf
die entsprechende Lebensmittelauswahl und die Zubereitung geach-
tet werden. Im Zweifelsfall ist die Einnahme von Folsäuretabletten
die sichere Wahl.

Eisen

Das Spurenelement Eisen ist im Körper für den Sauerstofftransport
im Blut verantwortlich und unterstützt dabei über die Plazenta und
Nabelschnur die optimale Versorgung des Ungeborenen mit Sauerstoff. Während der Schwangerschaft steigt das Blutplasmavolumen
um bis zu 50 Prozent an, auch die Anzahl der Erythrozyten, welche
eisenabhängig produziert werden, steigt um etwa 25 Prozent.
Durch diese verstärkte Blutbildung erhöht sich in der Schwangerschaft der tägliche Eisenbedarf auf das Doppelte, nämlich auf
30 Milligramm/Tag.

Im Rahmen der Schwangerschaftsvorsorge untersucht die Hebamme oder der Frauenarzt regelmäßig den Eisenstatus der werdenden Mutter. Durch die physiologische Blutverdünnung kommt es
zu einer Erniedrigung der Hämoglobinkonzentration (Hb) im Blut,
diese muss bei der Ermittlung der Referenzwerte berücksichtigt
werden. Im ersten und dritten Schwangerschaftstrimenon gelten
Hb-Werte <11,0 g/dl als kritisch, im zweiten Trimenon aufgrund
der physiologischen Blutverdünnung Werte <10,5 g/dl. Sind die
Blutwerte zu niedrig, sollte unbedingt eine Bestimmung des Serum-
ferritin – das ist der Wert für den Eisenspeicher – durchgeführt
werden. Eine Einnahme von Eisenpräparaten ist erst bei nachgewie-
sener Eisenmangelanämie sinnvoll.

Zur Deckung des erhöhten Eisenbedarfs über die Nahrung spielt
vor allem Fleisch eine wichtige Rolle. Das Eisen wird nämlich aus
tierischen Lebensmitteln wie Fleisch oder Eiern besser aufgenommen

Eisengehalt in Lebensmitteln (mg/100 g)	
Rindfleisch	2,2
Hühnereigelb	7,2
Haferflocken	5,8
Hirse	6,9
Amaranth	9,0
Sesam	10,0
Brennnessel	4,1
Kresse	3,1
Cashewkerne	2,8
Rote Bete	0,89
Aprikose, getrocknet	4,4

Vitamin-C-Gehalt
in Lebensmitteln
(mg/100 g)
Paprika   117
Sanddorn   450
Kresse   96
Brokkoli,
gekocht   90
Orange   45
Johannisbeere,
schwarz   117

als aus pflanzlichen. Vegetarische Eisenlieferanten sind Hafer, Amaranth und Hirse sowie alle roten Obst- und Gemüsesorten wie Beerenfrüchte und Rote Bete. Von den Kräutern sind Brennnessel, Löwenzahn, Kresse oder Rucola ebenfalls eisenreich. Zur Verbesserung der Eisenresorption ist zudem eine ausreichende Vitamin-C-Zufuhr wichtig, optimal aus frischem Obst, Gemüse und Kräutern wie Schwarze Johannisbeere, Paprikaschote oder Kresse. Gerbstoffhaltige Speisen und Getränke – dazu zählen vor allem Kakaoprodukte, Kaffee, grüner und schwarzer Tee – vermindern dagegen die Eisenaufnahme.

⦿ **Hebammen-Tipp**

Es gibt keinen Grund zu erschrecken, wenn der Hb-Wert erst einmal sinkt. Im Gegenteil! Sie erkennen, dass sich Ihr Körper in einem gesunden physiologischen Zustand befindet. Er weiß, dass er mit einem sinkenden Eisenwert die Schwangerschaft zunächst stabil hält bzw. ein guter Infektionsschutz vorliegt. Solange keine körperlichen Anzeichen von Schwäche, Kreislaufbeschwerden, schnelles Erröten oder Frieren auftreten und ihre Schleimhäute nicht sichtbar blass sind, können Sie mit der entsprechenden Ernährung Ihren Eisenbedarf decken. Zudem können Sie mit geeigneten homöopathischen Arzneien wie Ferrum phosphoricum in einer niedrigen Potenz die Eisenresorption unterstützen.

Zink

Das Spurenelement Zink wird ab dem 4. Schwangerschaftsmonat in höheren Dosen benötigt; der Bedarf steigt von 7 Milligramm/Tag auf 10 Milligramm/Tag, also um über 25 Prozent. Zink wird vor allem für die Zellteilung benötigt, entsprechend steigt der Bedarf mit zunehmendem Wachstum des Kindes. Der zusätzliche Zinkbedarf wird bei einer ausgewogenen Mischkost und gelegentlichem Fleischkonsum in der Regel gut abgedeckt. Auch Vegetarierinnen können genügend Zink zu sich nehmen, wenn sie auf die entsprechenden Nahrungsmittel achten.

Zink-Gehalt
in Lebensmitteln
(mg/100 g)
Hühnereigelb   3,8
Rindfleisch
(Filet)   4,4
Leinsamen   5,5
Haferflocken   4,3
Amaranth   3,7
Kakaopulver   8,9
Paranuss   4,0
Walnuss   2,7

◉ Hebammen-Tipp

Da jede Form von Stress zu Zinkmangel führt – beim Menschen wie in der Natur –, ist es besonders wichtig, „stressfreie" Biolebensmittel zu bevorzugen und selber auch die Ruhe zu suchen. Störungen in der Zinkversorgung sind ernst zu nehmen, denn sie führen zu Hautproblemen sowie zur Übersäuerung des Organismus und letztendlich zu einer erhöhten Nervosität von Mutter und Kind, was z. B. zu Schlafstörungen führen kann.

Jod

Der Bedarf des für Schilddrüse und Stoffwechsel wichtigen Spurenelements Jod ist in der Schwangerschaft und Stillzeit erhöht. Er liegt bei 200–230 µg Jod/Tag. Jodmangel kann die geistige und körperliche Entwicklung des Ungeborenen beeinträchtigen. Neben einer ausgewogenen Ernährung mit ausreichend Seefisch, Milchprodukten und jodhaltigem Speisesalz wird häufig eine zusätzliche Substitution empfohlen. Da eine Überdosierung mit Jod auch schädliche Folgen haben kann, ganz besonders wenn schon eine Schilddrüsenfehlfunktion vorliegt, sollten Sie auf jeden Fall mit Ihrer Hebamme oder Ihrem Frauenarzt über die Einnahme von Jodtabletten sprechen.

Jod-Gehalt in Lebensmitteln (µg/100 g)	
Hering (Ostsee)	50
Lachs	34
Alaska-Seelachs	103
Kuhmilch	2,7
Champignons	18
Joghurt	3,5
Speisesalz, jodiertes	1500–2500
Meersalz	50–500

Kalzium

Zu Beginn des letzten Trimenons verstärkt sich der kindliche Knochenaufbau, wofür ausreichend Kalzium zur Einlagerung in die Knochen benötigt wird. Diesem Mehrbedarf kommt jedoch die Natur entgegen, indem sich die Kalziumaufnahmerate der Mutter in der Schwangerschaft verdoppelt. Auch während der Stillzeit sorgt der mütterliche Organismus über die Muttermilch für eine ausreichend hohe Kalziumversorgung des Säuglings. Teils wird dafür Kalzium aus den Knochen der Mutter ausgelagert, was sich aber auch durch eine höhere externe Kalziumzufuhr nicht verhindern lässt. Diese vorübergehende schwangerschafts- und stillzeitbedingte Anpassung birgt aber in der Regel kein erhöhtes späteres Osteo-

Kalzium-Gehalt in Lebensmitteln (mg/100 g)	
Kuhmilch	120
Käse, Edamer	678
Spinat, gekocht	126
Brokkoli, gekocht	87
Quinoa	80
Walnuss	87
Kresse	180
Kohlrabi	59
Feige, getrocknet	193
Rosine	80

poroserisiko. Aus diesem Grund wurde die Zufuhrempfehlung der Deutschen Gesellschaft für Ernährung (DGE) für Schwangere und Stillende im Juni 2013 angepasst und entspricht nun mit 1000 Milligramm/Tag dem normalen Bedarf, der auch für nichtschwangere Frauen gilt. Lediglich sehr junge Schwangere und Stillende unter 19 Jahren sollten 1200 Milligramm/Tag zu sich nehmen.

Eine erhöhte Kalziumzufuhr durch Nahrungsergänzungspräparate scheint weder in der Schwangerschaft noch in der Stillzeit von Nutzen zu sein. Achten Sie auf eine ausgewogene Ernährung mit ausreichend pflanzlichen Kalziumlieferanten wie grünem Gemüse, Nüssen, Samen und kalziumreichem Mineralwasser. Achten Sie auf eine basische Kost mit viel frischem Obst, Gemüse und Kräutern, und meiden Sie die Kalziumräuber Kaffee, Grün- und Schwarztee und zu viel oxalsäurereiches Gemüse wie Rhabarber, Spinat oder Mangold. Auch Phosphat, das reichlich in Fertiggerichten, Fast Food, Wurstwaren, Colagetränken und Limonaden enthalten ist, wirkt sich ungünstig auf den Kalziumhaushalt aus. Ein zu hoher

Haferflocken versorgen Sie mit einer Menge essenzieller Mineralstoffe wie Eisen, Zink und Magnesium.

Konsum von Milchprodukten kann sich durch den relativ hohen Phosphorgehalt der Milch ungünstig auswirken. Bevorzugen Sie deshalb ausreichend pflanzliche Kalziumlieferanten, nach Geschmack kombiniert mit vollwertigen Milchprodukten.

Magnesium

Magnesium wird vielen Schwangeren vom Arzt verordnet, da es bei den häufig im Verlauf der Schwangerschaft auftretenden Wadenkrämpfen hilfreich sein kann. Magnesiummangel spielt ebenfalls eine Rolle bei vorzeitiger Wehentätigkeit. Der Mehrbedarf für Magnesium ist während der Schwangerschaft jedoch äußerst gering, statt 300 Milligramm/Tag sind es 310 Milligramm/Tag, in der Stillzeit steigt er dann nochmals auf 390 Milligramm/Tag an. Eine häufige, unangenehme Nebenwirkung von zu hoch dosierten Magnesiumpräparaten sind Durchfälle, die wiederum zu einer erhöhten Ausscheidung, also einem Verlust anderer Mineralstoffe, führen können. Nimmt die werdende Mutter während des letzten Trimenons regelmäßig hohe Dosen Magnesium über 300 Milligramm/Tag zu sich, kann es für den Säugling nach der Geburt zu einem relativen Magnesiummangel kommen, welcher sich unter anderem in vermehrten Magen-Darm-Krämpfen und Koliken äußert. Aus diesem Grund sollte eine Magnesiumsubstitution durchdacht und vor allem spätestens zu Beginn der 36. Schwangerschaftswoche abgesetzt werden, da sie ansonsten wehenhemmend wirkt, was zu diesem Zeitpunkt kontraproduktiv wäre. Magnesiumreiche Lebensmittel wie Vollkornprodukte, Nüsse, Samen und Bananen dürfen Sie jedoch uneingeschränkt verzehren.

Magnesium-Gehalt in Lebensmitteln (μg/100 g)	
Naturreis	110
Haferflocken	130
Amaranth	308
Walnuss	129
Feige, getrocknet	70
Banane	30

Vitamin D

Vitamin D ist wichtig zum Aufbau gesunder, starker Knochen, hat aber zudem Wirkungen auf die Insulinausschüttung, das Zellwachstum und das Immunsystem. Der Vitamin-D-Spiegel der Schwangeren ist insofern interessant, da die Serumkonzentration der Mutter die Konzentration von Vitamin D beim Kind beeinflusst. Der Vitamin-D-Status ist abhängig von der körpereigenen Synthese und der Zufuhr über Nahrungsmittel. Normalerweise wird das aktive Vitamin D3 durch Sonneneinstrahlung auf die Haut vom Körper aus Cholesterin selber gebildet. Auf 2 Quadratzentimetern gesunder und unbedeckter Haut werden beim Erwachsenen bei entsprechender UVB-Sonneneinstrahlung (in unseren Breiten von März bis Oktober) etwa 10 I. E. Vitamin D pro Stunde gebildet. Diese endogene Vitamin-D-Produktion ist allerdings neben der Art und Menge der Sonneneinstrahlung von verschiedenen anderen Faktoren wie etwa Hautfarbe bzw. -pigmentierung oder Hautdicke abhängig. Die Verwendung von Sonnenschutzmitteln kann diese Eigensynthese jedoch schon ab LSF 10 um bis zu 95 Prozent reduzieren. Da Vitamin D sich als fettlösliches Vitamin im Fettgewebe und in der Skelettmuskulatur anreichert, dient das in den Sommermonaten über die Haut gebildete Calciferol zudem als Beitrag zur Vitamin-D-Versorgung im Winter.

So können werdende Mütter durch entsprechendes Ernährungs- und Freizeitverhalten ihren Vitamin-D-Status optimieren. Vor allem fetter Fisch wie Lachs, Hering oder Makrele und Fischöl sind als wichtige Vitamin-D-Lieferanten zu nennen. Geringe Mengen sind enthalten in Eiern, fetten Milchprodukten wie Vollmilch, Butter, Sahne oder Käse, Pilzen und in Avocado. Als Nahrungsergänzung bietet sich die Möglichkeit der Einnahme von Vitamin-D-Präparaten bzw. als natürliche Quelle in Form von Fischölkapseln. Die Deutsche Gesellschaft für Ernährung (DGE) empfiehlt bei fehlender (!) endogener Synthese eine Zufuhr von 20 µg/Tag.

Vitamin-D-Gehalt in Lebensmitteln (µg/100 g)	
Hering (Ostsee)	7,8
Lachs	16
Makrele	4,0
Hühnerei	2,9
Vollmilch	0,074
Muttermilch	0,073
Champignons	1,9
Avocado	3,43

◉ Hebammen-Tipp

Vitamin D ist bei Weitem kein harmloses Vitamin, das wie Vitamin C bei Überdosierung einfach wieder ausgeschieden wird. Es hat mit seiner hormonähnlichen Wirkung einen enormen Einfluss auf den Organismus und das heranwachsende Kind. Eine Überdosierung, wie sie aber mit einer ausgewogenen Ernährung nicht erreicht wird, kann zu Arteriosklerose führen. Deshalb ist auch in der Stillzeit überlegtes Handeln mit arzneilichen Vitamin-D-Gaben beim Kind wichtig.

Omega-3-Fettsäuren

Auch die ungesättigten Omega-3-Fettsäuren spielen in der Schwangerschaftsernährung eine wichtige Rolle. Sie sind essenziell, also lebensnotwendig, und für die Reifung des Gehirns und der Sehkraft des Ungeborenen notwendig. Die Ω-3-Fettsäuren EPA (Eicosapentaensäure) und DHA (Docosahexaensäure) versorgen das Gehirn, sind am Hirnstoffwechsel sowie am Neurotransmitterhaushalt beteiligt und werden für den Aufbau diverser Zellmembranen, z. B. der Netzhaut des Auges, benötigt. Eine ausreichende Omega-3-Fettsäureversorgung soll auch die Gefahr einer Wochenbettdepression vermindern helfen. Auch während der Stillzeit profitiert der Säugling von einer ausgewogenen und hochwertigen Fettsäurezufuhr der Mutter. Die Empfehlungen zur Fettsäurezufuhr sehen für Schwangere und Stillende 200 Milligramm DHA/Tag vor. EPA ist die Vorläuferstufe von DHA und wird im Körper durch Enzyme in DHA umgewandelt.

> **EPA/DHA-Gehalt**
> **in Lebensmitteln**
> Gesamtgehalt
> (mg/100 g)
> Hering (Ostsee) 1910
> Lachs   2609
> Makrele   1778
> Sardine   1390

Besonders reich an EPA und DHA sind Kaltwasserfische wie Lachs, Hering oder Makrele. Sie sollten deshalb am besten zweimal wöchentlich auf dem Speiseplan stehen. Es gibt im Handel auch Fischölkapseln, die eine Nahrungsergänzung mit EPA/DHA ermöglichen. Wichtig bei der Auswahl ist vor allem ein Zertifikat über die Qualität des Öls. Es sollte aus reinen Fettsäuren und nicht aus Ethylestern bestehen, keine Zusätze beinhalten und frei von Schadstoffen und Schwermetallrückständen sein. Eine vegetarische Alternative sind Mikroalgen. Auch diese gibt es in Form von Fertigpräparaten.

Die pflanzliche Omega-3-Fettsäure α-Linolensäure kommt vor allem in Leinöl, Perillaöl, Walnussöl, Hanföl, Weizenkeimöl und Rapsöl vor. Sie kann vom Körper in EPA und DHA umgewandelt werden, allerdings nur in begrenztem Maße. Pflanzenöle stellen somit keine Alternative für die ausreichende Versorgung mit EPA/DHA dar, sind aber trotzdem eine wertvolle und essenzielle Bereicherung für Ihren Speiseplan. Achten Sie bei der Auswahl möglicher Ergänzungsmittel immer auch auf möglichst wenige, vor allem synthetische Zusatz- und Inhaltsstoffe. Auch künstliche Farb- und Geschmacksstoffe sollten Sie – auch zum Wohle Ihres Kindes – vermeiden.

Protein/Eiweiß

Um etwa 20 Prozent erhöht sich der Protein-/Eiweißbedarf in der Schwangerschaft, von etwa 47 Gramm/Tag auf rund 58 Gramm/Tag. In der Stillzeit ist dieser Mehrbedarf durch die Produktion der Muttermilch zusätzlich erhöht, um etwa 2 Gramm/100 Gramm Milch, was einer empfohlenen Zufuhr von 63 Gramm Eiweiß entspricht. Ob Muskel, Blut oder Organe, jede Zelle besteht zu einem großen Teil aus Eiweiß. Darüber hinaus ist es sehr wichtig für den Aufbau vieler Reglerstoffe und für ein gut funktionierendes Immunsystem.

Durch Kombination von verschiedenen Nahrungsmitteln lassen sich die Nahrungsproteine der verschiedenen Lebensmittel optimal ergänzen.

Einen guten Kombinationswert haben:
- Getreide mit Fleisch, Fisch oder Milch
- Kartoffeln mit Milch, Quark, Käse oder Eiern
- Hülsenfrüchte mit Ei, Weizen oder Roggen

Einen schlechten Kombinationswert dagegen haben:
- Getreide mit Kartoffeln, Soja
- Kartoffeln mit Hülsenfrüchten
- Hülsenfrüchte mit Fleisch oder Fisch

Kombinieren Sie eiweißreiche Lebensmittel richtig. So haben Sie und Ihr Kind alle wichtigen Aminosäuren optimal zur Verfügung.

Kritische Lebens- und Genussmittel

Obwohl Sie in der Schwangerschaft im Rahmen einer ausgewogenen Ernährung Ihren Appetit stillen und Ihre Gelüste nach Herzenslust befriedigen dürfen, gibt es einige Lebensmittel, die Sie nur in geringen Mengen zu sich nehmen oder sogar strikt meiden sollten.

Kaffee und Tee sollten Sie in der Schwangerschaft in begrenztem Maß genießen. Das in Kaffee, grünem, schwarzem und Matetee natürlich enthaltene Koffein (dazu koffeinähnliche Substanzen, z. B. in Schokolade), hat eine anregende Wirkung, steigert die Herztätigkeit und erhöht über die Nieren die Wasserausscheidung. Koffein gelangt über die Plazenta zum Ungeborenen und hat somit auch

Koffeingehalt in Lebensmitteln

Lebensmittel	Gehalt an Koffein pro Portion (Durch- schnittswert in mg)	Menge, mit denen 300 mg Koffein aufgenommen wird
Kaffeepulver	1300/100 g	23 g
Instantkaffee Tasse (150 ml)	55–75	4–5 Tassen
Kaffee, gebrüht Tasse (150 ml)	100–150	2–3 Tassen
Espresso (25 ml)	25–30	10–12 Tässchen
Schwarztee Tasse (150 ml)	50	6 Tassen
Colagetränk Glas (250 ml)	25–40	8–12 Gläser
Energydrink (250 ml)	75	4 Dosen
Schokolade (50 g)	bis zu 50	3 Tafeln

Auswirkungen auf dessen Stoffwechsel. In der Schwangerschaft ist der Abbau von Koffein verlangsamt, auch das Kind hat noch wenige der koffeinabbauenden Enzyme. Somit bleibt ein hoher Koffein- spiegel beim Ungeborenen sogar noch länger bestehen. Es gibt verschiedene Studien, die über das Risiko von niedrigem Geburts- gewicht, Fehlbildungen oder Frühgeburten bei sehr hohem Koffein- konsum in der Schwangerschaft berichten. Eine aktuelle Studie[*] kommt zu dem Ergebnis, dass ein moderater Konsum von bis zu 300 Milligramm Koffein/Tag – das entspricht zwei bis drei durch- schnittlich großen Tassen – möglicherweise mit einem niedrigeren Geburtsgewicht, jedoch mit keinen weiteren schädlichen Wirkun- gen verbunden ist. Bedenken Sie dabei, dass Koffein nicht nur in Kaffee und Tee enthalten ist, sondern auch in hohen Mengen in Energydrinks und Colagetränken, außerdem in Kakao und Schoko- lade, und sich somit die Aufnahmemenge summieren kann. Energy- drinks und Cola sind außerdem aufgrund des hohen Zuckergehalts

Ein zu hoher Kof- feinkonsum in der Schwangerschaft kann sich nachteilig auf die Entwicklung des Kindes auswirken.

Gönnen Sie sich regelmäßige Erholungspausen – gerne mit einer frisch aufgebrühten Tasse Schwangerschaftstee!

„Die Dosis macht's." Trinken Sie Kräutertees mit Bedacht, und fragen Sie bei Bedarf Ihre Hebamme, Ihren Frauenarzt oder Ihren Apotheker um Rat.

und den damit verbundenen leeren Kalorien nicht zu empfehlen. Einen köstlichen Cappuccino, eine belebende Tasse Kaffee oder Tee und ein wenig Schokolade können Sie jedoch unbesorgt genießen.

Kräutertees können in der Schwangerschaft sinnvoll und eine gute Hilfe bei vielerlei Beschwerden sein. So gibt es beispielsweise spezielle Schwangerschaftsteemischungen, die mit ihren Heilkräutern Schwangerschaftsbeschwerden vorbeugen oder lindern können. Bedenken Sie aber, dass alle Kräuter auch eine arzneiähnliche Wirkung haben können und deshalb nur in begrenztem Maß und nicht auf Dauer konsumiert werden sollten. Die Norm sind drei Teelöffel eines Krauts pro Tag. Statt „viel hilft viel" gilt: „Die Dosis macht's", das wusste schon Paracelsus. Trinken Sie Kräutertees immer mit Bedacht und nicht als Durstlöscher, um eine eventuelle Überdosierung zu vermeiden. Fragen Sie im Zweifel Ihre Hebamme, Ihren Frauenarzt oder Ihren Apotheker um Rat.

Früchtetees können als Ergänzung zur Flüssigkeitsaufnahme dienen und sind heiß oder kalt getrunken ein leckerer Durstlöscher.

Allerdings kann der ihnen eigene hohe Säuregehalt ein bestehendes Sodbrennen verstärken.

Alkohol gelangt völlig ungehindert vom mütterlichen Blutkreislauf über die Plazenta bis zum Ungeborenen. Schon kleine Mengen dieses Nerven- und Organgiftes können die Entwicklung des Babys beeinträchtigen, regelmäßiger und hoher Alkoholkonsum führt zu schweren geistigen und körperlichen Störungen. Dem Kind fehlen noch die Enzyme zum Abbau des Alkohols; deshalb wirkt der Konsum von alkoholischen Getränken bei ihm sehr viel länger nach als bei der Mutter. Auf den Punkt gebracht bedeutet das, dass bei nur einem Glas Pils täglich das Ungeborene während der gesamten Schwangerschaft daueralkoholisiert ist. Deshalb sollte Alkohol in jedweder Menge zu jedem Zeitpunkt der Schwangerschaft tabu sein.

Einige Lebensmittel können Schwermetalle enthalten, die zu Entwicklungsstörungen oder Schädigungen des Ungeborenen führen können. Quecksilber bzw. das plazentagängige Methylquecksilber ist häufig in langlebigen Raubfischen zu finden, da sich dieses über die Nahrungskette anreichert. Betroffen sind vor allem Thunfisch, aber auch Hai, Heilbutt, Seeteufel, Rochen, Aal, Bonito, Rotbarsch oder Schwertfisch. Auch Cadmium und Blei sind Schwermetalle, die in Lebensmitteln zu finden sind. Als besonders belastet gelten tierische Innereien, vor allem Leber, Meeresfrüchte und Wildpilze. Während der Schwangerschaft und Stillzeit sollten Sie diese Lebensmittel meiden.

Bakterielle Belastungen können als Ursache äußerst viele Erreger haben. Zu ihnen zählen Salmonellen in rohem Geflügel und Eiern, die zu schweren Durchfallerkrankungen und damit verbundener vorzeitiger Wehentätigkeit führen können. Bei ausreichendem Erhitzen werden die Salmonellen jedoch abgetötet, weshalb gekochte Eier und Eierspeisen sowie gekochtes und gebratenes Geflügel sicher sind. Von Bedeutung in der Schwangerschaft sind vor allem Listerien. Listerien können in Fisch, Fleisch, Weichkäse, Milch und Milchprodukten, aber auch in pflanzlichen Produkten wie vorgeschnittenen Salaten vorkommen. Eine Infektion mit Listerien (Listeriose) ist sehr selten, kann in der Schwangerschaft aber zu schweren gesundheitlichen Schäden vor allem beim Kind führen.

> Alkohol ist in jedweder Menge zu jedem Zeitpunkt tabu, denn er kann zu schweren geistigen und körperlichen Störungen des Kindes führen.

Während sich eine Listeriose bei der Schwangeren häufig nur durch grippeähnliche Symptome, zum Teil sogar symptomfrei zeigt, kann es beim Ungeborenen zu schweren Störungen kommen. Da der Erreger ein breites Temperaturspektrum von −0,4 bis +45 °C toleriert, kann er sich auch bei Lagerung im Kühlschrank vermehren; selbst das Einfrieren im Tiefkühlfach überleben Listerien. Bewahren Sie deshalb alle Speisen im Kühlschrank nur verpackt auf, um eine mögliche Kontamination zu vermeiden. Das Erhitzen über 70 °C Kerntemperatur führt zum sicheren Abtöten der Keime.

Rohes Fleisch, Rohwurst und Rohmilchprodukte können in der Schwangerschaft eine Infektionsquelle darstellen.

Verzichten Sie vorsichtshalber auf:
- Rohfleischerzeugnisse (z. B. Hackfleisch, Tatar) und Rohwurst (z. B. Salami, Mettwurst)
- rohen Fisch (z. B. Sushi) sowie geräucherte und marinierte Fischerzeugnisse,
- vorgeschnittene, verpackte Blattsalate, Sprossen und ungewaschenes Obst und Gemüse bzw. Produkte daraus (z. B. frisch gepressten Saft an Safttheken),
- Rohmilchprodukte, besonders Rohmilchweichkäse.

Parasitäre Infektionsgefahr besteht in der Schwangerschaft vor allem durch Toxoplasmen. Diese parasitären Erreger können über rohes Fleisch, Katzenkot oder durch mit Katzenkot verunreinigte Erde oder Sand auf den Menschen übertragen werden. Die Infektion verläuft meist symptomfrei. Nach der Infektion entwickelt sich eine Immunität, die durch Antikörper im Blut nachweisbar ist. Etwa 50 Prozent der Bevölkerung sind so immun gegen eine erneute Toxoplasmose. Schwangere mit Antikörpern im Blut bieten ihrem Ungeborenen Schutz vor Ansteckung. Steckt sich die Mutter während der Schwangerschaft erstmalig mit dem Erreger an, kann es zur Übertragung auf das Ungeborene und damit verbundenen Missbildungen und Fehlgeburten kommen. Frauenärzte bieten als privat zu bezahlende Leistung einen Suchtest auf Toxoplasmose-Antikörper an.

Nicht immune Schwangere sollten folgende Lebensmittel meiden:

- rohes und unzureichend erhitztes Fleisch, vor allem von Schweinen, Schafen und Ziegen, aber auch von Wild und Geflügel,
- Rohfleischerzeugnisse, z. B. Hackfleisch, Tatar und Rohwurst,
- rohes, ungewaschenes Obst und Gemüse.

In den ersten drei Schwangerschaftsmonaten sollten Sie außerdem auf eine erhöhte Aufnahme von Vitamin A (Retinol) verzichten. Dieses fettlösliche Vitamin kann zu Missbildungen des Ungeborenen führen. Daher wird empfohlen, während der Schwangerschaft auf Leber und leberhaltige Lebensmittel zu verzichten.

Perinatale Programmierung und Geschmacksprägung

Bereits im Mutterleib wird das Ungeborene in seiner Entwicklung stark beeinflusst. Der Begriff „Perinatale Programmierung" beschreibt den Einfluss von verschiedenen Faktoren, wie z. B. Ernährung oder Hormonen, auf die künftige Funktionsweise von Organen und Organsystemen des Kindes. Mittlerweile ist unumstritten, dass selbst vorübergehende äußere Einflüsse und Störungen, z. B. ein zu hoher Blutzucker, während der Schwangerschaft und kurz nach der Geburt zu entscheidenden und lebenslangen Veränderungen oder Risiken in der Entwicklung des Ungeborenen führen können. Insbesondere das Risiko für späteres Übergewicht oder die Entwicklung eines Diabetes wird so schon vor der Geburt geprägt. Die Ernährung der Schwangeren stellt daher einen bedeutenden Einflussfaktor dar. Achten Sie auf eine ausgewogene Ernährung, und lassen Sie im Rahmen der Schwangerschaftsvorsorge Ihren Blutzuckerwert bestimmen.

Die „Perinatale Geschmacksprägung" beginnt im Mutterleib etwa ab der 12. Schwangerschaftswoche (SSW), wenn das Ungebo-

> Das Baby wird schon während der Schwangerschaft durch die Ernährung der Mutter beeinflusst.

rene beginnt, Fruchtwasser zu schlucken. Da das Fruchtwasser neben einigen Nährstoffen wie Zucker, Fettsäuren, Aminosäuren und Salzen auch unterschiedliche Aromastoffe aus der mütterlichen Nahrung enthält, erfährt das Kind so schon eine individuelle Geschmacksprägung. Diese Prägung setzt sich dann später über die Muttermilch fort. Wird ein Geschmack erst einmal als sicher und positiv akzeptiert, werden in Kombination mit diesem auch neue Nahrungsmittel leichter angenommen. Essen Sie als schwangere und stillende Mutter beispielsweise regelmäßig Gerichte mit Lachs, wird Ihr Baby sich in der Beikostzeit und auch später eher an Gerichte mit Lachs gewöhnen, da es sozusagen schon auf diesen Geschmack konditioniert ist. Sorgen Sie also schon während der Schwangerschaft und Stillzeit für eine frische, naturbelassene und vielseitige Ernährung.

Allergieprophylaxe in Schwangerschaft und Stillzeit

Leidet mindestens eine Person aus der Familie (Eltern oder Geschwister) nachweislich an einer Allergie, so gilt ein Kind als allergiegefährdet. Das bedeutet jedoch lediglich, dass es von seiner Veranlagung her ein höheres Risiko trägt, eine Allergie auszubilden, ohne dass es zwangsläufig dazu kommen muss. Über die Nabelschnur kommt das Ungeborene schon mit geringen Mengen möglicher Allergene aus der mütterlichen Nahrung in Kontakt. Später setzt sich dies über die Aufnahme der Muttermilch fort. Es wäre aber ein Irrtum, daraus zu folgern, dass eine allergenarme Ernährung der Mutter zu einem niedrigeren Allergierisiko des Kindes führt. Das Gegenteil ist sogar der Fall. Eine abwechslungsreiche und vielseitige Ernährung versorgt Mutter und Kind mit allen notwendigen Nährstoffen und ermöglicht außerdem dem Ungeborenen und Säugling eine sanfte Gewöhnung an viele Nahrungsbestandteile. In der neuesten Leitlinie zur Allergieprophylaxe wird deshalb ausdrücklich eine ausgewogene und nährstoffdeckende Ernährung der Schwangeren empfohlen, ohne absichtliche Meidung potenzieller Nahrungsmittelallergene. Eine weitere Empfehlung sieht den regelmäßigen Verzehr von fettreichem Fisch vor.

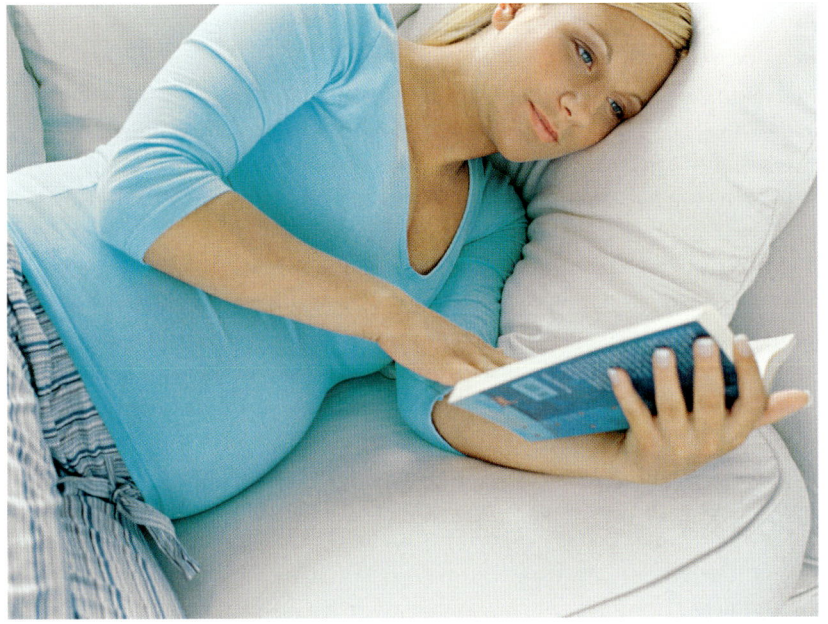

Informieren Sie sich schon in der Schwangerschaft über die richtige Allergieprophylaxe für Ihr Baby.

Weitere Faktoren, die eine wichtige Rolle bei der Allergieprävention spielen:

- Sorgen Sie für ein schadstofffreies Wohnklima. Vermeiden Sie Belastungen durch Luftschadstoffe und Schimmelpilze.
- Meiden Sie unbedingt Zigarettenrauch in Ihrer Umgebung und der des Kindes!
- Lassen Sie sich schon in der Schwangerschaft über die positiven Auswirkungen des Stillens beraten. Stillen Sie möglichst vier Monate voll. Alternativ wählen Sie entsprechende Säuglingsnahrung.
- Informieren Sie sich zur richtigen Beikosteinführung. Stillen Sie nach der Einführung angemessener Beikost so lange weiter, wie Sie und Ihr Kind es möchten.
- Unterstützen Sie das Training des kindlichen Immunsystems. Betreiben Sie keine übertriebene Hygiene.
- Eine Zufuhr von Prä- und Probiotika bietet keine Vorteile hinsichtlich der Allergieprävention.

Eine abwechslungsreiche und ausgewogene Ernährung der Mutter ermöglicht dem Kind eine sanfte Gewöhnung an viele Nahrungsmittel.

> ### ◉ Hebammen-Tipp
>
> Achten Sie unbedingt auch auf gesunde Textilien und Körper-
> pflegeprodukte. Meiden Sie kritische Farbstoffe oder Chemikali-
> en. Leider sind Allergien oftmals eine Folge von unachtsam
> genutzten, für uns Menschen schädlichen Stoffen, deren kleinste
> Mikrobestandteile über die Haut reizend sein können. Manche
> Allergien lassen sich mit bewusst gewählten Naturkosmetik-
> produkten und geprüften Naturtextilien vermeiden. Sollte es
> dennoch zu Hautjuckreiz kommen, gönnen Sie sich und Ihrem
> Baby Seidentextilien auf der Haut.

Tipps zur Ernährung bei Schwangerschafts-beschwerden

Besonders in der Frühschwangerschaft leiden viele Schwangere
unter Übelkeit und manche sogar unter Erbrechen. Verantwortlich
ist vermutlich die hormonelle Umstellung. Aber auch die psychische
Belastung, die diese neue Situation mit sich bringt, kann zu Unwohlsein führen. Auch eine ausgeprägte Müdigkeit und Schwindel-
gefühle sind in den ersten SSW keine Seltenheit. Bei den meisten
werdenden Müttern legen sich diese Symptome im Laufe des zweiten Trimenons wieder; selten bleiben die Beschwerden in ausgepräg-
ter Form bis zum Ende der Schwangerschaft bestehen. Bei extre-
mem Erbrechen und Unwohlsein ist es wichtig, dass Sie frühzeitig
Ihre Hebamme oder Ihren Frauenarzt aufsuchen.

Sind die ersten Monate und die häufig damit verbundene Übelkeit erst einmal überstanden, haben viele Schwangere nun regel-
rechten Heißhunger und teils seltsame Gelüste. Solange eine ausgewogene Ernährung trotzdem gewährleistet ist, spricht nichts
dagegen, wenn Sie Ihren Appetit stillen. Anders verhält es sich,
wenn Ihre Ernährung einseitig oder sehr kalorienreich wird oder
wenn Sie nur noch Hunger auf eine bestimmte Sorte Nahrungsmittel haben oder Ihre Lust auf Schokolade oder Eis immer größer
wird. Zum einen besteht dann die Gefahr, dass Sie mit Ihrer Nah-

Müdigkeit, Schwin-
delgefühle und Übel-
keit begleiten viele
Schwangere in den
ersten Wochen.

Tipps bei Schwindel, Übelkeit und Erbrechen

- Versuchen Sie schon vor dem Aufstehen, im Bett ein paar Schlucke warmes Wasser oder Tee (Ingwer, Kamille, Melisse, Koriander) zu trinken. Ein Teelöffel Zucker oder Honig bringen Ihren Blutzuckerspiegel auf Trab.
- Auch ein Stück trockener Zwieback oder Reiswaffel, langsam und gründlich gekaut, helfen beim Start in den Tag.
- Halten Sie immer ein Riechfläschchen mit belebenden naturreinen ätherischen Ölen bereit (z. B. Zitrusessenzen, Rosmarin, Lavendel, Pfefferminze oder Aromamischung „Andere Umstände").
- Achten Sie auf regelmäßige kleine und gut verträgliche Mahlzeiten, sodass Blutzuckerschwankungen vermieden werden. Nehmen Sie für unterwegs immer ein paar Stück Traubenzucker, einen Müsliriegel oder Trockenobst mit.
- Ingwer, frisch geschnitten und als Tee aufgebrüht oder kandiert als Bonbon, hilft gut bei Übelkeit und Erbrechen. Zu viel davon kann ab dem 2. Trimenon allerdings eine zu frühe Wehentätigkeit unterstützen, weshalb Ingwer nur im ersten Schwangerschaftsdrittel ratsam ist.
- Trinken Sie regelmäßig und ausreichend, am besten 1,5–2 Liter am Tag.
- Achten Sie auf regelmäßige Bewegung in frischer Luft und auf ausreichend Schlaf.
- Vermeiden Sie Stress, Hektik oder körperliche und psychische Belastung. Gönnen Sie sich regelmäßige Auszeiten und Ruhe! Übrigens sieht das Mutterschutzgesetz für Schwangere besondere Arbeitszeitenregelungen vor. So dürfen werdende Mütter z. B. nicht länger als 8 ½ Stunden am Tag beschäftigt werden. Bei einer Arbeitszeit von mehr als 6 Stunden stehen Ihnen 30 Minuten Pause zu, die auch auf mehrere kleine Auszeiten verteilt werden dürfen. Legen Sie zu Ihrem Wohl also ruhig mal fünf Minuten die Beine hoch, am besten mit einer Tasse Tee und einem gesunden kleinen Snack.

> Heißhunger und Gelüsten dürfen Sie – in Maßen – mit gutem Gewissen nachgeben.

Bevorzugen Sie eine ausgewogene und vitalstoffreiche Kost; dann sind auch kleine Sünden erlaubt.

Homöopathische Mineralstoffpräparate können bei sehr einseitigen Gelüsten gute Hilfe leisten.

rung nicht mehr genügend wichtige Vitamine und Mineralstoffe zu sich nehmen. Außerdem ist eine zucker- und fettreiche Ernährung immer mit einer übermäßigen Gewichtszunahme und dem Risiko einer Stoffwechselentgleisung verbunden. Achten Sie darauf, ausreichend sättigende Vollkornprodukte und hochwertige Pflanzenöle zu sich zu nehmen, und schränken Sie Weißmehl, Zucker und tierische Fette ein. Bei allzu großem Hunger nach Süßem bieten sich Trockenfrüchte in Kombination mit Nüssen oder Vollkorngetreideflocken an. Möchten Sie auf Schokolade nicht verzichten, versuchen Sie es mit dunklen Sorten mit hohem Kakaoanteil. Wechseln Ihre Gelüste sich regelmäßig ab (beispielsweise Essiggurken, gefolgt von Nuss-Nugat-Creme), sollten Sie wissen, dass hierfür die Hormone verantwortlich sind. Bei sehr einseitigen Gelüsten kann auch ein Mineralstoffmangel dahinterstecken – dies sollte abgeklärt werden. Eine sehr gute Hilfe sind dann Schüßler-Salze oder ein homöopathisches Aufbaumittel mit verschiedenen Mineralstoffverbindungen.

Die richtigen Nahrungsmittel bei Heißhunger und Gelüsten

Lust auf	Das kann dahinterstecken	Das hilft
Schokolade	erhöhter Magnesium- oder Zinkbedarf	Bananen und Haferflocken liefern Magnesium, Weizenkeime, Sonnenblumenkerne und Paranüsse Zink.
Fast Food, Pommes, Fertigprodukte	Mineralstoff-, Salzmangel, erhöhter Jodbedarf	Alternativen sind z. B. Ofenkartoffel, frisches Sandwich, Vollkornkräcker und Gemüsesticks mit Sauerrahmdip. Natriumreiches Mineralwasser, gutes Vollsalz oder Jodsalz verwenden, regelmäßig Seefisch verzehren.
Fleisch	erhöhter Eisenbedarf	Neben 2–3 Portionen Fleisch pro Woche punkten als Eisenlieferanten Rote Bete, Hafer, Hirse, Erbsen, Amaranth, Roggenvollkornbrot, Brennnesseltee, Schwangerschaftstee.
Süßigkeiten, Gummibärchen und Co.	Blutzuckerschwankungen Selenmangel (siehe unten)	Regelmäßige kleine Mahlzeiten, am besten alle 2–3 Stunden ein kleiner Snack aus sättigenden, ballaststoffreichen Vollkornprodukten, Obst oder Gemüse, kombiniert mit Milchprodukten oder Nüssen.
Innereien, Thunfisch, Meeresfrüchte	erhöhter Selenbedarf	Paranüsse, Hühnerei, Buchweizen und Haferflocken sind gute Selenlieferanten.

Mit zunehmender Größe des Bauchs leiden viele Schwangere unter verstärktem Völlegefühl, Sodbrennen oder Blähungen und Verstopfung. Das ist anatomisch zu erklären, müssen doch Ihre Verdauungsorgane dem nun immer größer werdenden Kind Platz machen. Der Magen verträgt keine großen Speisemengen auf einmal, auch der Schließmuskel, der das Zurückfließen von Magensäure in die Speiseröhre normalerweise verhindert, schließt eventuell nicht mehr vollständig. Die hormonell bedingte Auflockerung führt außerdem auch zu einer langsameren Verdauung und einem trägen Darm.

Völlegefühl, Sodbrennen, Blähungen und Verstopfung treten vor allem gegen Ende der Schwangerschaft häufig auf. Mehrere kleine Mahlzeiten können hier entgegensteuern.

Tipps bei Völlegefühl, Sodbrennen

- Nehmen Sie keine großen Essensmengen zu sich. Verteilen Sie Ihre Speisen lieber auf 6–8 kleine Mahlzeiten.
- Trinken Sie lauwarmes stilles Mineralwasser. Eiskalte Getränke und viel Kohlensäure können Ihren Magen zusätzlich reizen und zu Unwohlsein führen.
- Schränken Sie Ihren Kaffeekonsum ein oder verzichten Sie ganz auf Röstkaffee. Eine Alternative ist Getreidekaffee.
- Meiden Sie saure Speisen und Getränke wie Zitrusfrüchte, saures Obst, Tomaten, Saft und Früchtetee.
- Verzichten Sie auf sehr süße oder fette Speisen, scharf Gebratenes oder Frittiertes.
- Meiden Sie scharfe Gewürze und kräftig gewürzte Speisen. Gesunde Alternativen sind frische Kräuter und essbare Blüten.
- Trinken Sie lauwarme beruhigende Teesorten in kleinen Schlucken, z. B. Melissen-, Kamillen-, Fenchel-, Anis-, Kümmeltee, kleine Mengen an Pfefferminztee (Pfefferminze kann allerdings wieder zu einer zusätzlichen Entkrampfung des Magenpförtners führen und dadurch einen Reflux verstärken). Bei Sodbrennen bewährt hat sich Maishaartee, auf nüchternen Magen vor den Mahlzeiten getrunken.
- Essen Sie langsam. Kauen Sie die Speisen gründlich!
- Spontane Hilfe bei Sodbrennen sind kalte Milch, gut gekauter Zwieback oder ungesalzene Reiswaffeln, 1 Teelöffel Heilerde, Kartoffelfrischsaft, gut gekaute Nüsse und Samen, z. B. Mandeln, Sonnenblumenkerne, mineralische Basenmischungen.
- Manchen Frauen hilft auch ein Teelöffel mittelscharfer Senf oder ein Stück frische Ananas.
- Bei ausgeprägtem Sodbrennen ist es hilfreich, mit leicht erhöhtem Oberkörper zu schlafen. Vielleicht kann Ihnen jetzt schon ein gutes Stillkissen, mit duftendem Spelz und ein wenig getrocknetem Lavendel, hilfreiche Dienste erweisen. Achten Sie darauf, 1–2 Stunden vor dem Schlafengehen keine großen Mengen mehr zu verzehren.

Um Sodbrennen und Völlegefühl zu vermeiden, sollte man mehrere, jedoch kleine Mahlzeiten zu sich nehmen. Daneben sorgt Bewegung für innere Entspannung, was wiederum einer Übersäuerung des Körpers vorbeugt.

Tipps bei Blähungen und Verstopfung

- Verzichten Sie auf blähende Lebensmittel wie frisches Brot, Hefeteigbackwaren, Kohlgemüse, Zwiebel, Lauch, Paprikaschote und grobe Vollkornprodukte.
- Entblähend und krampflindernd wirken Fenchel, Anis und Kümmel als Gewürze oder Tee. Legen Sie sich doch bereits jetzt schon einen Vorrat guten Stilltees an, der diese Gewürze enthält, und trinken Sie davon 2–3 Tassen am Tag.
- Bei Verstopfung sind ballaststoffreiche Ernährung und ausreichende Flüssigkeitszufuhr sehr wichtig. Nehmen Sie regelmäßig Vollkornprodukte und viel frisches Obst und Gemüse zu sich, und trinken Sie mindestens 2 Liter am Tag.
- Eingeweichtes Trockenobst wie Feigen, Pflaumen, Datteln oder Aprikosen und gequollener Leinsamen regen die Verdauung sanft an.
- Milchzucker regt die Verdauung auf natürliche Weise an. Er muss jedoch sparsam dosiert werden, da es sonst im Umkehreffekt zu Durchfällen und Flüssigkeits-/Elektrolytverlust kommen kann.
- Gesäuerte Milchprodukte wie Joghurt, Kefir, Buttermilch unterstützen eine gesunde Darmflora und eine geregelte Verdauung.
- Ein Espresso auf nüchternen Magen am Morgen kann häufig einen trägen Darm auf Trab bringen.
- Vermeiden Sie stopfende Lebensmittel wie Schwarztee, Kakao, viel Schokolade oder Bananen.
- Nehmen Sie am Tag mindestens 2 Esslöffel gutes natives Pflanzenöl zu sich.
- Ausreichende Bewegung ist wichtig für eine gute Darmfunktion. Besonders zu empfehlen sind moderates Walken, Spazierengehen oder Schwimmen.
- Abführmittel sind in der Schwangerschaft absolut tabu! Durch die verstärkte Darmperistaltik kann es zum Auslösen einer vorzeitigen Wehentätigkeit kommen.

Eine zärtliche Fußmassage, die vor allem die Reflexzonen für den Darm im mittleren Fußsohlenteil berücksichtigt, kann Wunder wirken.

> ### ◉ Hebammen-Tipp
> Eine feuchtwarme Bauchkompresse mit einer Aromamischung, die Anis, süßes Fenchelöl, Kreuzkümmel, Koriander und Liebstöckel enthält, ist besonders wohltuend. Bei Neigung zu Verdauungsbeschwerden hilft eine regelmäßige Oberbaucheinreibung vor den Mahlzeiten.

Schwangerschaftsdiabetes

Der Schwangerschaftsdiabetes oder Gestationsdiabetes ist eine erstmals durch den veränderten Stoffwechsel in der Schwangerschaft aufgetretene oder diagnostizierte Glucosetoleranz-Störung. Bis zu 8 Prozent der Schwangeren sind davon betroffen. In der Schwangerschaft erhöht sich, vor allem ab der 24. SSW, der Bedarf an dem am Zuckerstoffwechsel beteiligten Hormon Insulin. Bei einem Schwangerschaftsdiabetes steht eine Resistenz gegenüber Insulin im Vordergrund. Die Störung der Insulinsekretion führt zu einer gestörten Glucosetoleranz bzw. Diabetes mit krankhaft erhöhten Blutzuckerwerten. Verstärkt wird dies zusätzlich durch zuckerreiche Ernährung, Übergewicht und zu wenig Bewegung. Auch Stress kann sich negativ auf den Blutzucker auswirken. Die erhöhten Blutzuckerwerte und die gesteigerte Insulinproduktion beeinflussen auch das Ungeborene. Es kommt zu verstärktem Wachstum mit erhöhtem Geburtsgewicht, damit verbundenem hohem Kaiserschnittrisiko und Komplikationen nach der Geburt. Auch bei einer erneuten Schwangerschaft ist die Wahrscheinlichkeit, wieder einen Gestationsdiabetes zu bekommen, um 50 Prozent erhöht.

Durch einen angepassten Lebensstil mit ausreichend Bewegung und bewusster Ernährung lässt sich der Blutzuckerspiegel in den meisten Fällen während der Schwangerschaft regulieren und auch den späteren Risiken vorbeugen. Wichtig ist vor allem eine gesunde, ausgewogene Ernährung mit wenig schnellen Kohlenhydraten wie Zucker und Weißmehlprodukten. Geben Sie ballaststoffreichen Vollkornprodukten und reichlich Gemüse den Vorzug. Obst enthält von Natur aus viel Zucker und sollte deshalb auch nur in Maßen

Erhöhte Blutzuckerwerte in der Schwangerschaft lassen sich in den meisten Fällen durch eine bewusste Ernährung und ausreichend Bewegung regulieren.

verzehrt werden. Vor allem Obstsäfte sind bei einem Diabetes unge-
eignet. Synthetische Süßstoffe wie Aspartam, Saccharin, Acesulfam
und Cyclamat täuschen fälschlicherweise süßen Geschmack vor
und sollten daher besser vermieden werden. Stattdessen sollte eine
Geschmacksumstellung zu weniger Süßem erfolgen. Zuckeraus-
tauschstoffe wie Sorbit, Mannit, Maltit oder Isomalt, die auch in
vielen speziellen Diabetikerprodukten enthalten sind, können in
größeren Mengen Blähungen, Bauchkrämpfe und Durchfälle verursachen. Dadurch kann auch eine vorzeitige Wehentätigkeit ausgelöst
werden. Ihre Mahlzeiten sollten Sie auf sechs kleinere Portionen
über den Tag verteilen und dabei auf ein ausgewogenes Verhältnis
sättigender Vollkornprodukte, Eiweiße und pflanzlicher Fette achten. Durch eine angepasste Ernährung können so in 85 Prozent der
Fälle die Blutzuckerwerte ohne Medikamente normalisiert werden.

> Viel Ruhe und wenig Stress tragen zu einem ausgeglichenen Blutzuckerspiegel bei.

◉ Hebammen-Tipp

Neben einer bewussten und gesunden Ernährung ist das Thema
Stressreduzierung wirklich ernst zu nehmen, um einen Gestationsdiabetes zu vermeiden. Eine Insulinresistenz wird auch
gefördert durch eine erhöhte Ausschüttung des körpereigenen
Stresshormons Cortisol. Halten Sie sich an die Mutterschutz-
richtlinien, lernen Sie die Sonnenseiten des Lebens zu schätzen.
Sind Sie guter Hoffnung, gönnen Sie sich einen ausgedehnten
Mittagsschlaf, bewegen Sie sich regelmäßig oder üben weiterhin
leichten Sport aus und leben eine glückliche Sexualität. Sollte
es dennoch zu erhöhten Blutzuckerwerten kommen, suchen
Sie vertrauensvoll eine homöopathisch ausgebildete Hebamme,
einen Arzt oder Heilpraktiker auf. Die Homöopathie bietet
immer eine wertvolle Unterstützung.

 1 Portion

 25 Minuten

 Blitzrezept

Champignon-Omelett mit Pesto-Crostini

50 g Champignons
1 Ei
2 EL Crème fraîche
Salz
schwarzer Pfeffer
   aus der Mühle
1 EL Rapsöl
1 EL Pinienkerne
3 EL Olivenöl

2 Scheiben Vollkornbaguette
1 Prise Salz
1 Handvoll Rucola
2 EL getrocknete Tomaten
   in Olivenöl
1 EL frisch geriebener
   Parmesan
2 Basilikumblätter

Zubereitung

1. Die Champignons putzen und in feine Scheiben schneiden.
2. Das Ei mit der Crème fraîche verquirlen und mit Salz und Pfeffer würzen.
3. Das Rapsöl in einer Pfanne erhitzen, die Eimasse hineingießen und die Champignonscheiben darauf verteilen. Das Omelett von beiden Seiten je 3–4 Minuten bei leichter Hitze stocken lassen.
4. Die Pinienkerne in einer zweiten Pfanne ohne Fett goldbraun rösten. Herausnehmen und beiseitestellen.
5. Das Olivenöl in der Pfanne leicht erhitzen, etwas salzen und die Baguettescheiben goldbraun und knusprig rösten.
6. Nun Rucola, Tomaten, Parmesan, Basilikum und die Pinienkerne mit einem Stabmixer fein pürieren.
7. Die Baguettescheiben mit dem Pesto bestreichen und zu dem Champignon-Omelett reichen.

> Ein Rezept, das nicht nur zum Frühstück schmeckt. Champignons und Eier sind Vitamin-D-Lieferanten, was besonders in den Wintermonaten wichtig ist. Rucola bringt wertvolle Folsäure ins Gericht.

 1 Portion

 15 Minuten

 Blitzrezept

Warmer Früchte-Porridge

2 getrocknete Aprikosen, ungeschwefelt
30 g Haferflocken, zartblättrig
200 ml Hafermilch
1 TL Butter
1 EL Rosinen, ungeschwefelt
150 g mildes Obst, z. B. Apfel, Birne, Aprikose

1 kleines Stück frischer Ingwer, etwa fingernagel-groß (nur im 1. Trimenon)
1 Messerspitze Abrieb 1 Biozitrone
1 Prise Salz
1 EL gemahlene Nüsse, z. B. Mandel, Walnuss, Paranuss

> Ein warmes Früh-stück für einen guten Start in den Tag. Haferflocken sind reich an Eisen und fördern eine gute Verdauung. Ingwer und Zitronenabrieb haben sich besonders bei morgendlicher Übelkeit bewährt.

Zubereitung

1   Die Aprikosen in kleine Stücke schneiden. Die Haferflocken in einen Topf geben, Hafermilch, Butter, Aprikosen und Rosinen hinzufügen und bei schwacher Hitze unter gelegentlichem Umrühren 10 Minuten köcheln lassen.

2   Das Obst waschen, putzen, auf einer Gemüsereibe fein raspeln und die letzten 5 Minuten mitgaren.

3   Den Ingwer schälen, fein reiben und mit Zitronenabrieb, Salz und Nüssen unter das restliche Müsli rühren. Den Porridge noch warm servieren.

 1 Portion

 15 Minuten

 Blitzrezept

Sahne-Honig-Quark

30 g Pekannüsse (alternativ
  Walnüsse)
1 Apfel (etwa 100 g)
50 g Sahne

1 EL flüssiger Honig
30 ml Mandelmilch (alternativ
  Vollmilch)
100 g Quark, Magerstufe

Zubereitung

1 Die Pekannüsse grob hacken und in einer Pfanne bei mittlerer
Hitze leicht rösten, bis sie duften.
2 Den Apfel waschen, entkernen und das Fruchtfleisch grob
raspeln.
3 Die Sahne steif schlagen und mit den Äpfeln, dem Honig und
der Mandelmilch unter den Quark ziehen.
4 Den Sahnequark mit den gerösteten Nüssen bestreuen.

Variation: Kokos-Mango-Quark

Anstelle der Pekannüsse dieselbe Menge Kokosraspel duftend anrösten. Der Apfel wird durch 50 Gramm reife, klein geschnittene
Mangostückchen ersetzt, und statt der Mandelmilch nehmen Sie
30 Milliliter Kokosmilch.

Dieses Rezept eignet
sich auch als Zwi-
schenmahlzeit. Es
versorgt Sie mit
vielen wertvollen
Nährstoffen, neben
einer Menge Vitami-
nen und Mineral-
stoffen vor allem mit
Eiweiß und hochwer-
tigen Fettsäuren.

 1 Portion

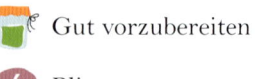 Gut vorzubereiten

30 Minuten

Blitzrezept

Mandelgrießpudding mit Beerensauce

150 ml Mandelmilch
2 EL Honig,
   z. B. Akazienhonig
20 g Mandeln, gemahlen
1 Prise Bourbon-Vanillepulver

30 g Dinkelgrieß
100 g Beeren, frisch oder
   TK-Ware, z. B. Erdbeeren,
   Himbeeren, Brombeeren,
   Sauerkirschen

Ein bekömmliches lauwarmes Frühstück, das Kindheitserinnerungen weckt. Die Kombination aus Mandeln und Beerenfrüchten liefert eine Menge Eisen und Folsäure.

Zubereitung

1   Mandelmilch, Honig, Mandeln und Vanillepulver in einem Topf zum Kochen bringen.
2   Den Topf vom Herd nehmen und den Grieß unter ständigem Rühren einrieseln lassen.
3   Nochmals unter Rühren aufkochen lassen.
4   Anschließend den Grießbrei in ein hitzebeständiges Schüsselchen gießen und fest werden lassen.
5   Die Beeren waschen und verlesen bzw. auftauen lassen und mit einem Stabmixer fein pürieren. Eventuell durch ein feines Sieb passieren, um die Kerne zu entfernen.
6   Den Grießpudding auf einen Teller stürzen und mit der Beerensauce servieren.

 Ergibt 5 Bagels    Auf Vorrat

 2 ½ Stunden

Sesam-Bagel

20 g Hefe
1 TL Zucker
100 ml lauwarme Milch
225 g Dinkelmehl Type 1050
2 EL Öl, z. B. Sonnenblumenöl

1 Ei, getrennt
1 TL Salz
5 EL Sesamsamen,
   geschält
Butter für das Blech

Bagels, die kleinen Brötchen mit einem Loch in der Mitte, erfreuen sich heute auch bei uns großer Beliebtheit. Der Sesam, in dem sie traditionell vor dem Backen gewälzt werden, liefert wertvolles Eisen.

Zubereitung

1   Die Hefe und den Zucker in der Milch auflösen und 10 Minuten gehen lassen.
2   Das Mehl sieben. Öl, Eigelb, Salz und die Hefemilch dazugeben und mit den Knethaken des Handrührgeräts zu einem geschmeidigen Teig kneten. Den Teig zugedeckt an einem warmen Ort 1 ½ Stunden gehen lassen.
3   Anschließend den Teig nochmals kräftig kneten und in fünf gleich große Stücke teilen. Diese zu Kugeln formen, flach drücken, mit dem Finger ein Loch durch die Mitte drücken und den Teig zu Kringeln formen.
4   In einem großen Topf reichlich leicht gesalzenes Wasser zum Kochen bringen und die Kringel darin von jeder Seite je 1 Minute pochieren. Herausnehmen und sorgfältig abtropfen lassen.
5   Den Backofen auf 200 °C (Umluft 180 °C) vorheizen.
6   Das Eiweiß verquirlen und die Bagels damit einpinseln. In den Sesamsamen wälzen, auf das gefettete Backblech legen und im heißen Ofen etwa 20 Minuten goldbraun backen.

Tipp: Dieser Bagel schmeckt mit einer Vielzahl von Aufstrichen und verschiedenem Belag. Eine Luxusvariante ist der Belag auf der rechten Seite.

 1 Portion

 10 Minuten

 Blitzrezept

Avocado-Tomaten-Rührei

1 TL Butter
1 Ei
2 EL Milch
Salz

½ TL frischer Dill,
   fein gehackt
2 Kirschtomaten
½ Avocado, entkernt

Zubereitung

1   Die Butter in einer kleinen Pfanne zerlassen. Das Ei mit der Milch sowie 1 Prise Salz und Dill verquirlen, dazugießen und unter gelegentlichem Rühren stocken lassen.

2   Die Tomaten waschen, putzen und in kleine Stücke schneiden. Zu dem Rührei geben und kurz mitdünsten.

3   Die Avocado in kleine Würfel schneiden und unter das Rührei heben.

Variation: Kräuter-Champignon-Rührei

Anstelle der Tomaten 50 Gramm in Scheiben geschnittene Champignons in der Butter anschmoren. Mit der Eiermilch übergießen. Die Masse kurz anziehen lassen und eine Handvoll frischer, fein gehackter Kräuter unterrühren.

> Die Avocado enthält lebensnotwendige Fettsäuren, dazu Vitamin E und reichlich Spurenelemente. Tomaten sind reich an Folsäure.

 1 Portion

 25 Minuten  Blitzrezept

Lauwarmer Spargel-Nudel-Salat mit Himbeervinaigrette

300 g weißer Spargel
Salz
Zucker
75 g Hörnchennudeln
150 g Erdbeeren
1 gekochtes Ei
1 TL Estragonsenf

1 TL Himbeerfruchtsirup
1 EL Leinöl
2 TL Aceto balsamico bianco
2 EL Sahne
1 EL Sonnenblumenkerne
   (alternativ gehackte Pinienkerne oder Walnüsse)

Zubereitung

1   Den Spargel schälen und in 1 Zentimeter große Stücke schnei-
    den. 100 Milliliter Wasser zum Kochen bringen, je 1 Prise Salz
    und Zucker zugeben und den Spargel 10 Minuten garen.

2   Die Nudeln in reichlich Salzwasser bissfest garen, abgießen und
    unter fließendem kaltem Wasser abschrecken .

3   Die Erdbeeren waschen, putzen und in Viertel schneiden.

4   Das Ei pellen und in Würfel schneiden.

5   Aus Senf, Sirup, 1 Prise Salz, Leinöl, Aceto balsamico bianco
    und Sahne mit dem Schneebesen eine cremige Vinaigrette
    herstellen.

6   Spargelstücke, Erdbeeren, Nudeln und Eierwürfel in eine
    Salatschüssel geben und mit der Himbeervinaigrette vermen-
    gen. Die Sonnenblumenkerne darüberstreuen und den Salat
    lauwarm genießen.

Im Frühjahr zur Spargelzeit ist dieser Salat ein herr-
lich leichter Genuss.
Erdbeeren sind
reich an Eisen und
Folsäure, Nüsse und
Samen als Topping
liefern wertvolle
Mineralstoffe und
Lecithin. Nichtvege-
tarier können den
Salat mit ein paar
gebratenen Puten-
streifen ergänzen.

 1 Portion

 15 Minuten    Blitzrezept

Bunter Herbstsalat

½ Avocado, entkernt
1 Karotte
1 Mandarine
1 kleine Rote Bete, vorgekocht
100 g Feldsalat
1 EL Himbeer-Apfelbalsamico
   (alternativ Aceto balsamico
   bianco)

2 EL Wasser
2 EL natives Pflanzenöl,
   z. B. Olivenöl oder Rapsöl
1 TL Leinöl
½ TL Kräutersalz
1 TL Rohrohrzucker
1 EL Naturjoghurt
1 EL Walnusskerne, gehackt

Dieser bunte Herbst-salat beinhaltet gleich eine ganze Menge an wertvollen Vitalstoffen: essen-zielle Fettsäuren, Vitamin E, Eisen, Magnesium und Carotinoide.

Zubereitung

1   Das Fruchtfleisch aus der Avocado herausschälen und in mundgerechte Würfel schneiden.
2   Die Karotte schälen und fein raspeln.
3   Die Mandarine schälen und in Filets teilen. Dabei die feine Haut abziehen.
4   Die Rote Bete in kleine Würfel schneiden.
5   Den Feldsalat sorgfältig waschen, trocken schütteln und klein zupfen.
6   Aus Essig, Wasser, Öl, Salz, Zucker und Joghurt ein Dressing herstellen.
7   Die Salatzutaten in eine Schüssel geben, mit dem Dressing vermengen und mit den Nüssen bestreuen.

Tipp: Knackigen Biss erhält der Salat, wenn Sie statt der gekochten Rote Bete eine rohe Knolle verwenden, diese zusammen mit einem Apfelschnitz raspeln und unter den Salat mischen.

 1 Portion

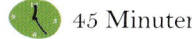 45 Minuten

Chili sin carne

125 ml Gemüsebrühe
50 g Couscous
20 g Zwiebeln
¼ Knoblauchzehe
100 g Karotten
100 g Tomaten
50 g Kidneybohnen
   aus der Dose
50 g Mais aus der Dose
1 EL Olivenöl

½ TL Paprikapulver,
   edelsüß
1 Messerspitze Chilipulver
   (nach Belieben)
1 Messerspitze Kreuzkümmel,
   gemahlen
1 EL Sauerrahm
Salz
schwarzer Pfeffer
   aus der Mühle

Eine raffinierte und hinreißend schmeckende vegetarische Variante. Das Chilipulver kann nach Belieben hinzugefügt werden.

Zubereitung

1 Die Gemüsebrühe zum Kochen bringen, über den Couscous gießen und diesen 20 Minuten zugedeckt quellen lassen. Zwischendurch mit einer Gabel etwas auflockern.

2 Die Zwiebel und den Knoblauch schälen und fein hacken. Die Karotten schälen und in kleine Würfel schneiden. Die Tomaten waschen, die Stielansätze entfernen und in kleine Würfel schneiden. Die Kidneybohnen und den Mais in einem Sieb abtropfen lassen.

3 Das Olivenöl in einem großen Topf erhitzen und die Zwiebeln und den Knoblauch darin glasig anschwitzen.

4 Karotten, Paprikapulver, Chilipulver (nach Belieben) und Kreuzkümmel zugeben und kurz andünsten.

5 Die Tomaten hinzufügen, aufkochen lassen und das Ganze zugedeckt 15 Minuten köcheln lassen.

6 5 Minuten vor Garzeitende Bohnen, Mais und Couscous unterrühren und den Sauerrahm unterziehen. Mit Salz und Pfeffer würzen.

 1 Portion

🕐 40 Minuten

Lachs mit Hirse, Gemüse und Zitronen-Sahnesauce

50 g Hirse
125 ml Gemüsebrühe
100 g Biolachsfilet (TK)
100 g Karotten
150 g Fenchel
½ EL Olivenöl
2 TL Butter

1 TL Mehl
1 Prise Salz
1 Prise Zucker
½ TL Dill,
   fein gehackt
100 g Sahne
Abrieb ½ Biozitrone

Zubereitung

1   Die Hirse in einem Sieb unter fließendem kaltem Wasser waschen und mit der Gemüsebrühe zum Kochen bringen. 20 Minuten bei leichter Hitze köcheln lassen.

2   Das Lachsfilet bei Raumtemperatur auftauen lassen. Anschließend unter fließendem kaltem Wasser abwaschen, trocken tupfen und die letzten 15 Minuten zusammen mit der Hirse garen.

3   Die Karotten schälen. Den Fenchel waschen und den Strunk entfernen. Das Gemüse in mundgerechte Stücke schneiden.

4   Das Öl in einem Topf erhitzen und das Gemüse darin andünsten. Bei leichter Temperatur 10–15 Minuten weich garen.

5   In einem separaten Topf die Butter zerlassen, das Mehl darüberstäuben und unter Rühren goldbraun anschwitzen. Salz, Zucker und Dill dazugeben, die Sahne unter Rühren angießen und die Sauce unter ununterbrochenem Rühren aufkochen lassen. Den Zitronenabrieb hinzufügen und die Sauce kurz ziehen lassen.

6   Den Lachs mit Hirse, Gemüse und Sahnesauce servieren.

 1 Portion

 45 Minuten

Zitronengras-Lachs-Risotto

¼ Knoblauchzehe

1 Zitronengrashalm

1 EL Sesamöl (alternativ
  Olivenöl)

50 g Naturreis

1 TL Sesamsamen,
  geschält

3 Safranfäden

1 EL Aceto balsamico bianco

100 g Biolachsfilet (TK)

1 daumennagelgroßes Stück
  frischer Ingwer (nach
  Belieben; nur im
  1. Trimenon)

2 TL helle Sojasauce

50 g Sahne

Dieses asiatisch an-
gehauchte Fisch-
gericht empfiehlt
sich besonders bei
Appetitlosigkeit und
leichter Übelkeit.
Durch das frisch
schmeckende Zitro-
nengras und den
Ingwer erhält es sei-
ne anregende und
fruchtige Note. Der
kaliumreiche Natur-
reis fördert einen
ausgewogenen Elek-
trolythaushalt.

Zubereitung

1   Die Knoblauchzehe schälen und sehr fein hacken. Den Zitronen-
     grashalm in Stücke schneiden.

2   Das Öl in einem Topf erhitzen. Den Knoblauch und den Reis
     darin bei mittlerer Temperatur anschwitzen.

3   Zitronengras, Sesam und Safran unterrühren und kurz mit-
     dünsten.

4   Mit dem Aceto balsamico ablöschen, 150 Milliliter Wasser
     angießen und unter mehrmaligem Rühren etwa 30 Minuten
     weich garen.

5   Das Lachsfilet bei Raumtemperatur auftauen lassen, unter
     fließendem kaltem Wasser abwaschen, trocken tupfen und
     in mundgerechte Stücke schneiden. Während der letzten
     15 Minuten, die der Reis benötigt, die Fischstücke hinzufügen
     und mitgaren.

6   Vor dem Servieren den Ingwer schälen und frisch in den Risotto
     reiben. Die Sojasauce und die Sahne unterrühren.

 1 Portion

 30 Minuten

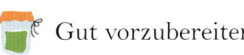 Gut vorzubereiten

 Blitzrezept

Gemüse-Hackfleisch-Eintopf

200 g Kartoffeln
50 g Karotten
150 g Tomaten
½ Zwiebel
1 EL Olivenöl
100 g Rinderhackfleisch

1 EL Tomatenmark
50 g Erbsen (TK)
150 ml Gemüsebrühe
½ TL getrocknete
   italienische Kräuter
2 Basilikumblätter

Zubereitung

1 Die Kartoffeln und die Karotten schälen und in mundgerechte Würfel schneiden.
2 Die Tomaten mit kochend heißem Wasser überbrühen, nach 2–3 Minuten häuten, den Stielansatz entfernen und in kleine Stücke schneiden.
3 Die Zwiebel schälen und fein hacken.
4 Das Öl in einem Topf erhitzen und die Zwiebel darin goldgelb anschwitzen. Das Hackfleisch zufügen und krümelig braten.
5 Die Gemüsewürfel und das Tomatenmark dazugeben und kurz anschwitzen.
6 Die Erbsen hinzufügen, die Gemüsebrühe angießen und das Ganze 20 Minuten garen.
7 Die Basilikumblätter in Streifen schneiden und vor dem Servieren über den Eintopf streuen.

Dieser blitzschnell zubereitete Eintopf lässt sich durch allerlei Gemüse variieren. Auch zum Vorkochen eignet er sich gut. Im Kühlschrank ist er zwei Tage haltbar.

 1 Portion

 30 Minuten    Blitzrezept

Hühnchengeschnetzeltes mit Karotten-Quinoa

50 g Quinoa
Salz
100 g Karotten
150 g Hähnchenbrust
¼ Zwiebel
1 EL Pflanzenöl
3 Aprikosen
1 EL Mehl

30 ml Gemüsebrühe
50 g Sahne
1 Messerspitze Bioorangen-
    abrieb
1 Messerspitze Kurkuma
schwarzer Pfeffer
    aus der Mühle

Zubereitung

1   Die Quinoa in einem Sieb unter fließendem kaltem Wasser waschen und in 250 Milliliter Wasser mit einer Prise Salz 20 Minuten garen.

2   In der Zwischenzeit die Karotten schälen und grob raspeln. Die Karottenraspel 10 Minuten vor Garzeitende zu der Quinoa geben.

3   Das Hühnchenfleisch in Streifen schneiden. Die Zwiebel schälen und fein hacken. Das Öl in einem Bräter erhitzen und die Zwiebeln sowie das Fleisch darin rundherum anbraten.

4   Die Aprikosen waschen, entkernen, in Würfel schneiden und in den Bräter geben. Das Ganze mit dem Mehl bestäuben, die Gemüsebrühe und die Sahne angießen, den Orangenabrieb hinzufügen und alles bei leichter Hitze 15–20 Minuten schmoren. Zuletzt mit Kurkuma, Salz und Pfeffer würzen.

5   Die Karotten-Quinoa auf den Teller geben und das Hühnchengeschnetzelte darauf anrichten.

Quinoa, ein altes Inka-Getreide aus Südamerika, ist besonders reich an wertvollen Aminosäuren, Eisen und Magnesium. Auch die Aprikosen liefern Eisen, daneben wichtiges Carotin. Außerhalb der Saison können Sie problemlos auf getrocknete Aprikosen zurückgreifen.

 1 Portion

1 Stunde

Cordon bleu in Sesampanade mit buntem Kartoffelsalat

Für den Kartoffelsalat

200 g Kartoffeln,
   vorwiegend festkochend
50 g Salatgurke
2 Radieschen
1 Frühlingszwiebel
1 TL Instant-Gemüsebrühe
1 Messerspitze
   mittelscharfer Senf
20 ml heißes Wasser
1 EL Rapsöl
1 TL Leinöl
1 EL Aceto balsamico
   bianco

Für das Cordon bleu

1 Kalbsschnitzel,
   etwa 1,5 cm dick
1 Scheibe Käse, z. B. Emmentaler oder Gouda aus pasteu-
   risierter Milch, 5–6 mm dick
1 Scheibe gekochter Schinken,
   z. B. Hinterschinken,
   5–6 mm dick
Salz
schwarzer Pfeffer
   aus der Mühle
1 Ei
2 EL Mehl
1 EL Sesam, geschält
1 EL Olivenöl
2 EL Sahne
1 EL Kresse
1 Scheibe Biozitrone

Das feine Cordon bleu mit Sesam punktet durch seinen hohen Eisengehalt.

Zubereitung

1 Die Kartoffeln in Wasser etwa 25 Minuten weich kochen, schälen und in feine Scheiben schneiden. Die Gurke schälen und raspeln. Die Radieschen waschen, putzen und in feine Scheiben schneiden. Die Frühlingszwiebel waschen und putzen, dabei das obere Drittel des Zwiebelgrüns und den Wurzelansatz abschneiden, anschließend in Ringe schneiden.

2 Das Gemüse mit den Kartoffeln in eine Salatschüssel geben.

3 Die Gemüsebrühe und den Senf mit dem heißen Wasser verquirlen, das Öl und den Aceto balsamico unterrühren und an das Gemüse und die Kartoffeln gießen.

4 Den Salat sorgfältig vermengen und mindestens 10 Minuten ziehen lassen.

5 Das Kalbsschnitzel der Länge nach in der Mitte aufschneiden, jedoch nicht ganz durchtrennen (um diesen „Schmetterlingsschnitt" können Sie auch Ihren Metzger bitten). Mit der Käse- und der Schinkenscheibe füllen. Das Schnitzel zuklappen und die offene Seite mit zwei Zahnstochern oder einer Rouladennadel fixieren. Das Schnitzel von beiden Seiten leicht mit Salz und Pfeffer würzen.

6 Das Mehl und das Ei in jeweils einen tiefen Teller geben, dabei das Ei mit einer Gabel verquirlen. Das Schnitzel zuerst in dem Mehl wenden (überschüssiges Mehl anschließend abschütteln und mit dem Sesam mischen), dann durch das Ei ziehen. Nun das Schnitzel nochmals im Sesammehl wenden.

7 Das Öl in einer Pfanne erhitzen und das Cordon bleu darin bei mittlerer Hitze von jeder Seite etwa 5 Minuten braten. Wichtig: Die Pfanne nicht zudecken, da sich sonst die Panade löst!

8 Vor dem Anrichten die Kresse über den Kartoffelsalat streuen und das Schnitzel mit der Zitronenscheibe garnieren.

Der Kartoffelsalat schmeckt, in doppelter Menge zubereitet, auch als eigenständiges Gericht.

 2 Portionen

 Gut vorzubereiten

1 Stunde

Mandel-Hirse-Auflauf mit getrockneten Feigen

75 g Hirse
300 ml Vollmilch
1 EL Butter + Butter
  für die Form
50 g Feigen, getrocknet
1 Ei

1 Prise Salz
20 g Zucker
1 Messerspitze Abrieb
  1 Biozitrone
30 g Mandeln, gemahlen

Dieser Auflauf liefert mit Hirse und Feigen eine ganze Menge wertvolles Eisen. Die Mandeln enthalten hochwertige Proteine und Fettsäuren. Anstelle der Feigen können auch getrocknete Aprikosen oder Rosinen verwendet werden.

Zubereitung

1   Die Hirse in einem Küchensieb unter fließendem kaltem Wasser spülen. Anschließend mit der Milch und der Butter in einem Topf zum Kochen bringen. Unter gelegentlichem Umrühren etwa 15 Minuten garen.

2   Die Feigen in kleine Stücke schneiden. 5 Minuten vor Garzeitende unter den Hirsebrei heben und mitgaren. Anschließend den Brei etwas abkühlen lassen.

3   Den Backofen auf 180 °C (Umluft 160 °C) vorheizen.

4   Das Ei trennen. Das Eiweiß mit Salz, Zucker und Zitronenabrieb zu steifem Schnee schlagen.

5   Das Eigelb mit den Mandeln unter den Hirsebrei rühren. Den Eischnee locker unterheben.

6   Die Hirsemasse in zwei mit Butter ausgestrichene Auflaufförmchen füllen und im heißen Ofen etwa 30 Minuten backen.

 Ergibt 4 große Germknödel    Auf Vorrat

1½ Stunden

Kürbis-Germknödel

250 g Hokkaidokürbis
50 g Zucker
20 g Hefe
50 ml lauwarme Vollmilch
50 g Butter

450 g Dinkelmehl Type 1050
1 Ei
1 Prise Salz
2 EL Pflaumenmus
2 EL Mohn, gemahlen

Zubereitung

1 Den Kürbis waschen, fein raspeln und beiseitestellen.

2 Den Zucker und die Hefe in der Milch auflösen und 10 Minuten gehen lassen.

3 30 g Butter zerlassen und zusammen mit Mehl, Ei, Salz, Kürbis und der Hefemilch mit den Knethaken des Handrührgeräts zu einem geschmeidigen Teig kneten. Den Teig abgedeckt an einem warmen Ort 1 Stunde gehen lassen.

4 In einer tiefen Pfanne, Reine mit Deckel (!) oder einem großen Topf etwa 1 Liter leicht gesalzenes Wasser zum Kochen bringen.

5 Den Hefeteig in vier Stücke teilen, diese mit bemehlten Händen zu Knödeln formen, in die Mitte eine Mulde drücken und je einen Teelöffel Pflaumenmus hineingeben. Die Knödel wieder schließen und rund formen.

6 Die Germknödel in das siedende Salzwasser geben und bei leichter Hitze zugedeckt etwa 20 Minuten simmern lassen.

7 Die restliche Butter in einer kleinen Pfanne zerlassen und den Mohn darin leicht anrösten. Zum Anrichten den Germknödel in einen tiefen Teller geben und mit der Mohnbutter überziehen.

Tipp: Die Germknödel schmecken mit jeglicher Art von Sauce: z.B. einer Orangen-Ingwer-Sauce, einer Vanille- oder Karamellsauce.

Ein Klassiker mal etwas anders. Die Germknödel lassen sich hervorragend auf Vorrat einfrieren und bei Bedarf in einem Topf mit wenig Flüssigkeit wieder auftauen. Die Menge für die Mohnbutter ist für eine Portion berechnet und wird immer frisch zubereitet.

 1 Portion

 30 Minuten  Blitzrezept

Semmel-Apfel-Schmarrn

1 Vollkornbrötchen, etwa 50 g
1 großer Apfel, etwa 150 g,
  z. B. Boskop oder Jonagold
1 EL Rosinen
100 ml Milch

1 Ei
20 g Zucker
1 Messerspitze Abrieb
  1 Biozitrone

Zubereitung
1 Den Backofen auf 200 °C (Umluft 180 °C) vorheizen.
2 Das Brötchen in feine Scheiben schneiden. Den Apfel schälen, das Kerngehäuse entfernen und das Fruchtfleisch ebenfalls in feine Scheiben schneiden.
3 Die Brötchen- und Apfelscheiben mit den Rosinen in eine kleine Auflaufform schichten.
4 Die Milch mit Ei, Zucker und Zitronenabrieb sorgfältig verrühren und darübergießen.
5 Den Schmarrn im heißen Ofen 20–25 Minuten goldgelb backen. Mit Zimtzucker bestreuen oder mit warmer Vanillesauce servieren.

Variation: Kleiner Applecrumble
Anstelle der Brötchenscheiben 50 Gramm Dinkelflocken, 50 Gramm Dinkelmehl Type 1050, 2 Esslöffel Butter und 1 Prise Ceylon-Zimt mit den Händen zu Krümeln verkneten. Die Milch mit Ei, Zucker und Zitronenabrieb verrühren, über die Apfelscheiben gießen und die Streusel darübergeben. Den Applecrumble bei 180 °C 20–25 Minuten backen.

Dieses blitzschnelle Gericht ist optimal zur Verwertung von Brot- oder Brötchenresten. Wenn Sie möchten, können Sie auch ein paar Keksbrösel unterheben oder das Ganze mit selbst gemachten Butterstreuseln aufpeppen. Anstelle der Äpfel schmecken auch Birnen oder süße Zwetschgen gut.

 Ergibt 4 Spieße

 20 Minuten + Zeit
zum Trocknen

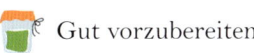 Gut vorzubereiten

 Blitzrezept

Schokofrüchte im Kokosmantel

200 g festes Obst der Saison,
    z. B. Erdbeeren, Äpfel, Weintrauben, Ananas
50 g Schokolade nach Wunsch
20 g natives Kokosfett
3 EL Kokosraspel

Zubereitung

1   Das Obst waschen und in mundgerechte Stücke scheiden.
    Die Obststücke auf vier Schaschlikspieße stecken.
2   Die Schaschlikspieße auf ein mit Backpapier ausgelegtes Blech
    legen.
3   Die Schokolade zusammen mit dem Kokosfett im Wasserbad
    schmelzen und die Obstspieße gleichmäßig damit begießen.
4   Die Obstspieße auf dem Blech erkalten lassen. Sobald die
    Schokolade beginnt, fest zu werden, in den Kokosraspeln
    wälzen.

Variation: Schokofondue

Dieses Rezept eignet sich auch für ein leckeres und gesundes
Schokofondue, das im Nu (10 Minuten) bereitsteht und zwei Perso-
nen mundet. Erhitzen Sie hierfür im Wasserbad oder in einem
Fonduetopf vorsichtig die Schokolade und anstelle des Kokosfetts
50 Gramm Sahne, und tauchen Sie die Obstücke einzeln in die
köstliche Schmelze.

Für diesen Schoko-
Kokos-Traum kön-
nen Sie beliebig Obst
der Saison, das Sie
gerne mögen, aus-
wählen. So kommen
auch Naschkatzen
zu einer ordentlichen
Portion gesunder
Vitamine. Natives
Kokosfett bekommen
Sie im Naturkost-
laden oder auch im
Reformhaus.

 Für eine Springform mit einem Durchmesser von 20 cm

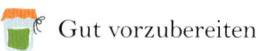 Gut vorzubereiten

 1 Stunde

Aprikosen-Grieß-Kuchen

200 g Aprikosen
50 g Butter + Butter für die Form
75 g Zucker
2 Eier
250 g Magerquark
200 ml Kokosmilch
75 g Vollkorngrieß
1 TL Abrieb 1 Biozitrone

Dieser Grießkuchen schmeckt auch kalt. Probieren Sie ihn auch mal mit Äpfeln, Birnen, Mango oder süßen Kirschen. Durch seinen hohen Nährstoffgehalt eignet sich dieser Kuchen auch als Energiespender im Wochenbett und während der Stillzeit.

Zubereitung

1   Die Aprikosen waschen, entkernen und in Viertel schneiden.
2   Den Backofen auf 180 °C (Umluft 160 °C) vorheizen.
3   Die weiche Butter mit dem Zucker schaumig rühren. Nach und nach die restlichen Zutaten unterrühren.
4   Den Rührteig in eine mit Butter ausgestrichene Springform füllen und die Aprikosenviertel darauf verteilen.
5   Den Kuchen auf der mittleren Schiene im heißen Ofen etwa 35 Minuten backen.

Variation: Schoko-Kirsch-Grieß-Kuchen

Ersetzen Sie die Kokosmilch durch 75 Gramm geschmolzene Zartbitterschokolade und 150 Milliliter Vollmilch. Anstelle der Aprikosen verwenden Sie 200 Gramm entsteinte Sauerkirschen (aus dem Glas, abgetropft). Den Zitronenabrieb ersetzen Sie durch eine Prise Ceylon-Zimt.

 1 Portion

 15 Minuten

 Blitzrezept

Pumpernickel mit Guacamole

1 Avocado
1 EL Limettensaft
1 Messerspitze Chilipulver
1 TL flüssiger Honig
3 Cocktailtomaten
100 g Pumpernickel

Zubereitung

1 Die Avocado halbieren, entkernen und das Fruchtfleisch mit einem Löffel herausschälen.

2 Das Avocadofruchtfleisch mit Limettensaft, Chilipulver und Honig mit dem Stabmixer pürieren.

3 Die Tomaten waschen, in kleine Würfel schneiden und unter die Guacamole heben.

4 Das Brot in mundgerechte Stücke schneiden und mit der Guacamole bestreichen.

Variation: Süße Guacamole

Ersetzen Sie das Chilipulver durch 50 Gramm reife Banane. Anstelle der Tomaten heben Sie klein geschnittene Erdbeeren unter das Püree.

> Dieser herzhafte Snack versorgt Sie mit vielen wertvollen Nährstoffen. Besonders schön sehen die Brötchen aus, wenn Sie den Pumpernickel vor dem Bestreichen mit Plätzchenformen ausstechen.

 1 Portion

 15 Minuten

 Gut vorzubereiten

 Blitzrezept

Mediterraner Brotsalat

1 Brötchen, vorzugsweise
   vom Vortag
¼ Knoblauchzehe
1 EL Aceto balsamico
30 ml Olivenöl
50 g rote Paprikaschote

30 g getrocknete Tomaten
50 g Mozzarella
1 TL Kapern
1 EL Oliven
2 Basilikumblätter

Dieser schnelle Brotsalat ist eine leckere Zwischenmahlzeit für die, die es gerne herzhaft mögen. Er lässt sich auch sehr gut im Voraus zubereiten und zum Beispiel in einem Weckglas mit zur Arbeit nehmen.

Zubereitung

1 Das Brot in mundgerechte Stücke schneiden.
2 Die Knoblauchzehe schälen und durch die Knoblauchpresse drücken. Mit dem Aceto balsamico und dem Olivenöl verrühren.
3 Die Paprikaschote waschen, die Scheidewände sowie die Kerne entfernen und in schmale Streifen schneiden.
4 Die Tomaten und den Mozzarella in kleine Stücke schneiden.
5 Sämtliche Zutaten sorgfältig vermengen, zuletzt die Basilikumblätter darüberzupfen.

Variation: Mediterraner Nudelsalat

Ersetzen Sie die Brotstückchen durch 100 Gramm bissfest gekochte Vollkornnudeln, beispielsweise Spirelli. Reduzieren Sie die Ölmenge auf 20 Milliliter.

 Ergibt 175 ml

 15 Minuten  Blitzrezept

Schwangerschafts-Kräutertrank

1 gehäufter TL Schwangerschaftstee (fertige Mischung, z. B. Frauenmantel, Himbeerblätter, Johanniskraut, Brennnessel, Melisse)

50 ml Birnensaft
½ TL frisch gepresster Zitronensaft

Zubereitung

1 Die Teemischung mit 125 Milliliter kochend heißem Wasser übergießen und 10 Minuten zugedeckt ziehen lassen.

2 Die Kräuter abseihen und den Birnen- sowie Zitronensaft hinzufügen. Noch warm genießen.

Variation: Kräutertrank „Eisen plus"

Bevorzugen Sie eisenreiche Kräuter wie Brennnessel und Petersilie, und süßen Sie Ihren Trank mit 1 Teelöffel Zuckerrohrmelasse.

Die Heilkräuter-Teemischung ist ein wertvoller Begleiter für die gesamte Zeit der Schwangerschaft. Der mild-süßlich schmeckende Birnensaft sorgt für feinen Geschmack, Zitrone liefert wertvolles Vitamin C. Von diesem Kräutertrank dürfen Sie bis zu drei Tassen täglich trinken.

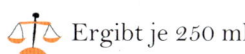 Ergibt je 250 ml

 Je 10 Minuten

 Blitzrezepte

Buttermilch-Orangen-Lassi

2 Bioorangen
100 ml Buttermilch
50 g Naturjoghurt
1 Messerspitze Bourbon-Vanillepulver
3 Eiswürfel (nach Belieben)

Zubereitung

1 Die Orangen waschen und etwa ½ Teelöffel der Schale fein abreiben. Den Orangensaft auspressen.
2 Den Orangensaft mit Orangenabrieb, Buttermilch, Naturjoghurt und Vanillepulver mit dem Stabmixer schaumig mixen. Nach Belieben mit Eiswürfeln servieren.

> Ein fruchtiges Mixgetränk, das besonders an warmen Sommertagen guttut.

Gurken-Lassi

50 g Salatgurke
100 g Naturjoghurt
1 Blatt Pfefferminze
1 Blatt Zitronenmelisse

1 Prise Salz
50 ml Mineralwasser
2-3 Eiswürfel (nach Belieben)

Zubereitung

1 Die Gurke schälen und mit Joghurt, den Kräutern und dem Salz mit dem Stabmixer schaumig mixen.
2 Mit dem Mineralwasser auffüllen und nach Belieben mit Eiswürfeln servieren.

 Ergibt je 250 ml

 Je 10 Minuten

 Blitzrezepte

Sanddorn-Aprikosen-Trank

100 g Aprikosen
3 EL Sanddorn-Ursaft
100 ml Apfelsaft

1 Minzblatt, fein gehackt
1 TL flüssiger Honig

Zubereitung

1 Die Aprikosen waschen, halbieren, entkernen, klein schneiden und in den Mixer geben.
2 Sanddornsaft, Apfelsaft, Minze und Honig hinzufügen und das Ganze fein pürieren.

Dieser Vitaltrunk unterstützt auf schmackhafte Weise Ihren Eisenhaushalt. Aprikosen sind reich an Eisen, Sanddorn liefert wertvolles Vitamin C. Minze und Honig können Sie nach Belieben hinzufügen.

Rote-Bete-Himbeer-Shake

50 g Rote Bete, vorgekocht
100 g frische Himbeeren
   (alternativ TK)
2 EL Himbeer-Fruchtsirup
1 EL Schlehen-Elixier
   (z. B. von Weleda)

2 TL Limettensaft
3 EL Crushed Ice
   (alternativ zerstoßene
   Eiswürfel)
100 ml Mineralwasser

Zubereitung

1 Die Rote Bete mit den Himbeeren fein pürieren. Eventuell durch ein feinmaschiges Sieb streichen.
2 Mit Himbeersirup, Schlehen-Elixier, Limettensaft und Eis in einen Cocktailmixer geben und zu einer homogenen Masse mixen. Vor dem Servieren mit dem Mineralwasser auffüllen.

Der rote Shake sorgt für viel blutbildendes Eisen, Vitamin C und wertvolle Folsäure. Besonders im Sommer ein wohltuend frischer Genuss!

KRAFT
TANKEN
UND
STÄRKEN

Ernährung im Wochenbett

Herzlichen Glückwunsch! Nun ist Ihr Baby nach vielen Wochen und Monaten des Wartens geboren, und die Zeit des gegenseitigen Kennenlernens nimmt eine neue Form an. Was gibt es Schöneres als die Freude über ein neues Leben!

Das Wochenbett ist eine Zeit, die mit großen Veränderungen verbunden ist. Ihr Körper hat während der Geburt viel geleistet und muss sich nun erst einmal erholen. Der Hormonspiegel stellt sich rapide um, die Milchbildung kommt in Gang, und auch die ersten schlaflosen Nächte können die frischgebackenen Eltern nun auf Trab halten. Deshalb ist es besonders wichtig, dass Sie sich in diesen ersten Wochen so viel Ruhe und Erholung wie möglich gönnen und auch Hilfe von Verwandten, Freunden oder auch einer Familienhelferin annehmen oder einfordern lernen. Ihre Hebamme wird während der ersten Wochen regelmäßig nach Ihnen und Ihrem Baby schauen. Schon allein ihre Anwesenheit und zu wissen, dass sie zur Verfügung steht, hilft über viele erste Hürden und Verunsicherungen hinweg.

> Hurra! Ihr Baby ist da! Gönnen Sie sich nun erst einmal viel Ruhe und Erholung.

⊙ Hebammen-Tipp

Klären Sie frühzeitig mit Ihrem Mann, welcher Teil der Verwandtschaft und welche Freunde wirklich willkommen sind, und bitten Sie diese bereits während der Schwangerschaft um ihre Voranmeldung. Überraschungsbesuche sind im Wochenbett meist Stress pur. Seien Sie gegenüber allen Besuchern offen und ehrlich. Bitten Sie sie, zu gehen, wenn Sie wieder allein sein möchten. Leider denken manche Menschen nicht daran, dass „Wöchnerinnen" sich erholen müssen.

Das Wochenbett hat seinen Namen zu Recht. Es bedeutet, wochenlang in Abständen immer wieder das Bett aufzusuchen, nicht, nach einigen Tagen bereits in der Stadt unterwegs zu sein. Planen Sie bewusst immer wieder Ruhepausen in Ihren neuen Alltag ein.

> Der erste Besuch kann noch warten. Genießen Sie das gegenseitige Kennenlernen mit Ihrem Baby.

Gemeinsam kuscheln. Regelmäßige Ruhepausen für Mutter und Kind sorgen für ausreichende Erholung und schaffen innige Momente.

Die Ernährung spielt im Wochenbett eine große Rolle. Nicht nur die Anstrengungen der Geburt müssen ausgeglichen, sondern auch Kraft und Energie für das Abenteuer Familie getankt werden.

Lernen Sie schon in der Schwangerschaft, Ihr Mobiltelefon öfter auszuschalten. So gewöhnen sich die Freunde daran, dass Sie nicht immer verfügbar sind. Dies gilt auch für den werdenden Vater. Sie haben das Recht, nicht erreichbar zu sein. Denken Sie auch daran, dass Ihr Kind Ihre geistige Abwesenheit spürt, wenn Sie während des Stillens telefonieren, und so womöglich die Lust am Stillen verliert. Genießen Sie es, nur zu stillen und sonst nichts zu tun. Ihr Kind wird es zu schätzen wissen.

Die Ernährung spielt im Wochenbett eine sehr große Rolle. Je nach Dauer und Anstrengung der Geburt müssen Sie als Wöchnerin viel Energie auftanken, der Blutverlust sollte mit eisenreicher Nahrung ausgeglichen werden, und auch die beginnende Muttermilchproduktion fordert ein weiteres Mehr an Energie und Vitalstoffen. Da es in den ersten Tagen das Beste für Sie ist, viel zu liegen, auch der Kreislauf erst wieder in Schwung kommen muss und zudem Ihr Baby von nun an über die Muttermilch „mitisst", sollte die Nahrung leicht verdaulich und gut verträglich sein.

Besonders geeignet für die Ernährung im Wochenbett sind nahrhafte Getreidegerichte, kombiniert mit hochwertigen Fetten, milden Obst- und Gemüsesorten, und – in Maßen – vollwertige Milchprodukte. Fleischhaltige Gerichte fördern eine ausreichende Eisenzufuhr, können jedoch auch schnell die Verdauung der Wöchnerin überfordern. Optimal sind in diesem Fall stärkende Fleischbrühen und Suppen, die zudem den Vorteil haben, dass sie, einmal gekocht, für mehrere Mahlzeiten und auch als Trinkbrühen für zwischendurch ausreichen.

Nahrhaftes Essen für einen guten Start in die Stillzeit

Da der Nährstoffbedarf der Mutter mit Einsetzen der Milchproduktion noch einmal ansteigt und die Ernährung auch die Zusammensetzung der Muttermilch beeinflusst, ist eine vollwertige und ausgewogene, nahrhafte Kost der Wöchnerin sehr wichtig. Auch eine ausreichende Flüssigkeitszufuhr von mindestens 2 Liter/Tag ist notwendig, um der ansteigenden Milchproduktion gerecht zu werden. In der Zeit des Milcheinschusses zwischen dem dritten und fünften Wochenbetttag kann es bei sehr vollen, schmerzhaften Brüsten allerdings auch sinnvoll sein, eine übermäßige Trinkmenge zu vermeiden. Lassen Sie sich dabei unbedingt von Ihrer Hebamme beraten, um eventuellen Komplikationen rechtzeitig vorzubeugen.

Generell ist es ratsam, sich von Beginn der Stillzeit an anzugewöhnen, bei jedem Stillen ein großes Glas Wasser und einen handlichen Snack, z. B. eine Handvoll Studentenfutter, ein oder zwei Stillkugeln, einen bunten Obstteller oder ein paar belegte Brotschnittchen bereitzustellen. Sie werden nämlich sehr bald merken, dass neben dem Stillen, Bäuerchen machen, Wickeln und Wiegen zuerst nur wenig Zeit für Ihre eigenen Bedürfnisse bleibt. Am besten sorgen Sie rechtzeitig vor und bevorraten Ihren Küchenschrank für die erste Zeit mit vielen leckeren und nahrhaften Naschereien. Möchten Sie Ihr Wochenbett zu Hause verbringen, müssen Sie auf jeden Fall für eine gut gefüllte Speisekammer und eine zuverlässige Hilfe im Haushalt, vor allem für die Essenszubereitung, sorgen. Im Rezepteteil zu diesem Kapitel finden Sie eine Auswahl an nahr-

Stillen erfordert eine ausgewogene und nahrhafte Kost. Achten Sie auf Ihre Bedürfnisse!

Rechtzeitig vorbereiten! Ausreichende Nahrungsmittelvorräte (siehe dazu die Einkaufsliste für das Wochenbett auf der Innenklappe) und Hilfe bei der Essenszubereitung unterstützen ein ruhiges und harmonisches Wochenbett.

haften Gerichten, die schnell zubereitet und vielfach auch auf Vorrat gekocht werden können. Auch das Einfrieren von Speisen im Voraus ist möglich, jedoch teilen manche Experten aus der Sicht der chinesischen Fünf-Elemente-Ernährung die Ansicht, dass den Nahrungsmitteln dadurch wertvolle Energie entzogen wird. Vermeiden Sie auf jeden Fall das Zubereiten bzw. Erwärmen von Speisen in der Mikrowelle; es zerstört wertvolle Nahrungsbausteine. Damit die junge Familie das Zusammensein in aller Ruhe genießen kann, darf auch jede Unterstützung durch Omas und Opas, Freunde und Bekannte angenommen werden. Sie werden staunen, welche Freude Sie in Ihrem Umfeld auslösen und wie bereitwillig Sie mit leckeren Speisen und frisch gebackenen Kuchen versorgt und verwöhnt werden!

Obwohl immer noch umstritten ist, inwiefern sich die Ernährung der jungen Mutter auf das Entstehen von Blähungen und Unverträglichkeiten beim Neugeborenen auswirkt, zeigt die Erfahrung, dass es sinnvoll ist, bestimmte Lebensmittel in der ersten Zeit mit Vorsicht zu genießen oder ganz darauf zu verzichten. Dazu gehören besonders blähungsfördernde Gemüsesorten wie Lauch, Zwiebeln oder Kohl. Auch große Mengen an Kuhmilch, sehr scharfe oder saure Speisen sollten Sie während der ersten Stillzeit besser meiden. Denken Sie neben der Ernährung auch an eine mögliche Überforderung des Neugeborenen mit zu vielen neuen Eindrücken; auch diese müssen „verdaut" werden. Meistens hat die frisch entbundene Mutter im Wochenbett aber ein sehr gutes Gespür dafür, was ihr und ihrem Baby guttut. Achten Sie vor allem darauf, ausreichend und hochwertig zu essen.

> Die richtige Ernährung kann Ihnen helfen, dem Stimmungstief (im Volksmund „Heultage" genannt) nach der Entbindung entgegenzutreten. Bei extremer und länger als eine Woche andauernder Niedergeschlagenheit muss unbedingt Rat und Hilfe von Fachkräften in Anspruch genommen werden.

„Glücklichmacher" gegen den Wochenbettblues

Im Zuge der rasanten Hormonumstellung schwankt auch die Stimmung der frischgebackenen Mutter zwischen himmelhoch jauchzend und Niedergeschlagenheit. Manchmal ist gar der Beginn einer ernst zu nehmenden Depression erkennbar. Dieser sogenannte Wochenbett- oder Babyblues wird begünstigt durch die Anstrengung der Geburt, die ersten unruhigen Nächte und die (verständlichen) Unsicherheiten und Ängste im Umgang mit dem Neugeborenen.

Umso wichtiger ist in dieser Zeit eine ausreichende Versorgung der Wöchnerin mit den richtigen Nährstoffen. Achten Sie in den ersten Wochenbetttagen besonders auf eine hohe Zufuhr von nahrhaftem Getreide. Diese komplexen Kohlenhydrate halten Ihren Blutzuckerspiegel längere Zeit aufrecht. Zudem fördern sie die Bildung von Serotonin, dem Glückshormon. Auch Bananen und Schokolade tragen dazu bei, die Stimmung aufzuhellen; allerdings sollten sie aufgrund der stopfenden Wirkung im Wochenbett nur in Maßen verzehrt werden. Trockenfrüchte wie Datteln und Feigen sind die bessere Wahl, sie fördern zudem eine gute Verdauung. Auch die in Fisch enthaltenen Omega-3-Fettsäuren haben eine positive Wirkung auf depressive Verstimmungen und Gemütsschwankungen. Achten Sie deshalb auf eine ausreichend hohe Zufuhr, eventuell sogar mit Hilfe von Fischölkapseln. Da diese guten Fettsäuren auch in die Muttermilch übergehen, profitiert zudem Ihr Baby davon.

> Power-Food fürs Wochenbett: Nahrhaftes Getreide, Trockenfrüchte und hochwertige Fette liefern wertvolle Nährstoffe für Mutter und Kind.

◉ Hebammen-Tipp

Wer weiß das nicht: In den Arm genommen zu werden macht ebenso glücklich, wie einen schönen Strauß Blumen geschenkt zu bekommen. Immer werden eine Menge Serotonine dabei ausgeschüttet. Bitten Sie Ihren Partner immer wieder und regelmäßig darum, Sie zu umarmen und zu drücken. Geben Sie ihm auch hin und wieder den Tipp, Ihnen ein kleines Geschenk mitzubringen. Seien Sie ruhig fordernd, und beginnen Sie damit bereits in der Schwangerschaft. So schön es ist, wenn das Baby im Mittelpunkt steht, aber die junge Mutter braucht ebenso viel Liebe und Zuneigung; beide haben die Trennung Geburt erlebt und haben das erst einmal zu verarbeiten. Der Verlust von Bauch und Schwangerschaft darf durchaus sichtbar und spürbar sein. Muttersein ist ebenso mit dem Gefühl der Trauer wie mit dem Gefühl des Glücks verbunden.

 1 Portion

 15 Minuten

 Blitzrezept

Herzhafter French Toast

1 Ei
Salz
2 EL Sahne
1 EL Mehl
1 TL frischer Dill,
   fein gehackt
1 EL Samen, z. B. Sesam-
   samen, Sonnenblumenkerne,
   fein gehackt

2 Scheiben Vollkorntoast
2 Scheiben milder Käse,
   z. B. Emmentaler oder
   Gouda
1 EL Rapsöl

Zubereitung

1 Das Ei mit einer Prise Salz, Sahne, Mehl, Dill und den Samen
   zu einer homogenen Masse rühren.
2 In die Toastscheiben mit einer kleinen Gabel einige Löcher
   stechen. Den Käse zwischen die Toastscheiben legen.
3 Die gefüllten Toastscheiben in die Eiermasse legen und von
   beiden Seiten je 1–2 Minuten vollsaugen lassen.
4 Das Öl in einer Pfanne erhitzen und den Toast darin von jeder
   Seite goldbraun backen. Sind noch Eimassereste vorhanden,
   können diese darübergegossen und mitgebraten werden.
5 Den Toast diagonal durchschneiden und warm servieren.

Variante: Süßer French Toast

Verzichten Sie auf den in dem Rezept genannten Dill und den Käse.
Die einzeln getränkten Toastscheiben in Butter goldbraun backen
und mit Zimtzucker oder Früchtekompott servieren.

Diese herzhafte Früh-
stücksvariante liefert
viele hochwertige
Nährstoffe. Sesam
enthält reichlich Ei-
sen, Sonnenblumen-
kerne und Dill kön-
nen sich positiv auf
die Muttermilchpro-
duktion auswirken.
Süßschnäbel lieben
die süße Variante.

 1 Portion

 Gut vorzubereiten

🕐 15 Minuten + Quellzeit

Nahrhaftes Birchermüsli

1 EL Trockenobst, unge-
schwefelt, z. B. Aprikosen,
Datteln, Rosinen
3 EL Haferflocken, zartblättrig
1 TL Leinsamen
100 g Sahne
1 großer Apfel (etwa 100 g)

1 TL Sonnenblumenkerne,
gehackt
1 TL Walnusskerne,
gehackt
1 TL flüssiger Honig
1 Spritzer Zitronensaft
50 ml warme Hafermilch

Das Original dieses Rezepts stammt von dem berühmten Schweizer Arzt Dr. Bircher-Benner. Es enthält gezuckerte Kondensmilch – ich ziehe aber die Verwendung von frischer Sahne vor. Wer möchte, kann das Müsli mit frischen Orangenstücken, Beeren, verschiedenen Nüssen oder einem Teelöffel Leinöl verfeinern.

Zubereitung

1   Die Trockenfrüchte in kleine Stücke schneiden. Haferflocken, Trockenfrüchte und Leinsamen (optimal frisch geschrotet) mit der Sahne verrühren und mindestens 30 Minuten, am besten über Nacht im Kühlschrank, quellen lassen.

2   Den Apfel waschen (nicht schälen!), das Kerngehäuse entfernen und das Fruchtfleisch auf einer Küchenreibe reiben. Mit Sonnenblumenkernen, Walnüssen, Honig und Zitronensaft unter das Müsli rühren und die Hafermilch hinzufügen.

Tipp: Bevorzugen Sie mehr Biss im Müsli, toppen Sie es mit selbst gemachten Crunches: Erhitzen Sie in einem Topf 50 Gramm Honig und 50 Gramm Zucker, bis sich der Zucker auflöst. Geben Sie 100 Gramm Haferflocken und 75 Gramm gepoppten Amaranth dazu. Vermengen Sie alles gründlich. Anschließend trocknen Sie das Ganze bei 160 °C Umluft. Nach dem Abkühlen gut verschlossen aufbewahren!

 Für 1 Blech

 1 Stunde

Kürbis-Spinat-Pizza

400 g Dinkelmehl Type 1050
200 g Magerquark
10 EL Olivenöl + Olivenöl
  für das Blech
10 EL Milch
1 TL Salz
1 Päckchen Backpulver
3 EL Ketchup

3 EL Tomatenmark
300 g Hokkaidokürbis
200 g TK-Spinat,
  portioniert
200 g Schafskäse
100 g Mozzarella
2 EL Kürbiskerne

Zubereitung

1 Das Mehl in eine große Schüssel sieben und zusammen mit
   Magerquark, Olivenöl, Milch, Salz und Backpulver zu einem
   glatten Teig kneten.
2 Den Teig auf einem mit Olivenöl ausgestrichenen Backblech
   ausrollen und gleichmäßig mit Ketchup und Tomatenmark
   bestreichen.
3 Den Kürbis waschen, eventuell putzen und in mundgerechte
   Würfel schneiden.
4 Den Backofen auf 200 °C (Umluft 180 °C) vorheizen.
5 Kürbis, Spinat und den zerkleinerten Käse gleichmäßig auf der
   Pizza verteilen.
6 Die Pizza im heißen Ofen etwa 30 Minuten goldgelb backen, bis
   der Käse geschmolzen ist.
7 Vor dem Servieren mit den Kürbiskernen bestreuen.

Diese besondere
Pizzavariante enthält
keinen Hefeteig und
belastet somit nicht
den Magen. Außer-
dem ist der Quark-
Öl-Teig einfach und
schnell hergestellt.
Kürbis als Belag
eignet sich besonders
gut fürs Wochenbett:
Er schmeckt mild
und ist ein hervor-
ragender Ersatz,
wenn Tomaten, Pap-
rika und Zwiebeln
nicht gut vertragen
werden.

 2 Portionen/8 Bratlinge    Gut vorzubereiten

 1 Stunde

Rote-Bete-Taler mit Joghurtdip

Für die Bratlinge:
200 g Rote Bete
1 EL Olivenöl
100 g Hirse
250 ml Gemüsebrühe
2 TL frischer Dill,
   fein gehackt
1 Ei
4 EL Vollkorn-Semmelbrösel
2 EL Sesamsamen, geschält
1 EL Bratöl

Für den Dip:
50 g Naturjoghurt
20 g Kräuterfrischkäse
25 ml Vollmilch
1 EL frische Kräuter,
   z. B. Petersilie, Dill oder
   Kerbel, fein gehackt
1 Prise Zucker
1 Prise Salz
1 Spritzer Zitronensaft

Dieses Rezept enthält sehr viel wertvolles Eisen aus Hirse, Sesam und Roten Beten. Die Bratlinge lassen sich hervorragend vorbereiten und entweder vier Wochen im Gefrierfach oder drei Tage im Kühlschrank aufbewahren. Auch kalt sind sie ein Genuss.

Zubereitung

1   Die Roten Beten schälen und raspeln. Das Olivenöl in einem Topf erhitzen und die Roten Beten andünsten.

2   Die Hirse in einem Sieb gründlich heiß waschen und zu den Roten Beten geben. Die Brühe angießen und bei mittlerer Hitze etwa 10 Minuten köcheln lassen. Anschließend auf der ausgeschalteten Herdplatte noch 20 Minuten quellen lassen. Den Hirsebrei abkühlen lassen, eventuell mit Salz und Pfeffer würzen.

3   Dill, Ei, Semmelbrösel und Sesam sorgfältig unterrühren, bis eine gut formbare homogene Masse entsteht.

4   Das Bratöl in einer Pfanne erhitzen, mit feuchten Händen aus der Hirsemasse gleich große Taler formen und diese von beiden Seiten goldgelb braten.

5   Für den Joghurtdip die genannten Zutaten verrühren und zu den Talern reichen.

 2 Portionen

 Gut vorzubereiten

 45 Minuten

Kartoffelsalat
mit Roten Beten und Matjes

400 g Kartoffeln, festkochend
1 EL Aceto balsamico bianco
  (alternativ Apfelessig)
2 EL Wasser
2 EL natives Pflanzenöl, z. B.
  Olivenöl oder Rapsöl
1 TL Leinöl
½ TL Salz

2 EL Sahne
1 TL Zucker
130 g Rote Bete, vorgekocht
1 großer Apfel (etwa 100 g)
1 Handvoll Postelein
  (alternativ Feldsalat)
150 g Matjeshering
1 EL Sonnenblumenkerne

Zubereitung

1   Die Kartoffeln in Wasser etwa 25 Minuten weich kochen,
    schälen und in feine Scheiben schneiden.
2   Aus Aceto balsamico, Wasser, Öl, Salz, Sahne und Zucker eine
    Vinaigrette herstellen und über die Kartoffeln gießen.
3   Die Roten Beten schälen und grob raspeln. Den Apfel in Viertel
    schneiden und das Kerngehäuse entfernen. Das Fruchtfleisch
    ebenfalls grob raspeln. Den Salat waschen, putzen, trocken
    schleudern und unter den Kartoffelsalat mischen.
4   Zuletzt den mundgerecht geschnittenen Matjeshering und die
    Sonnenblumenkerne unterheben.

Der Matjeshering enthält besonders viele ungesättigte Fettsäuren. In Kombination mit eisenhaltiger Roter Bete und nahrhaften Kartoffeln ein schmackhaftes und ausgewogenes Wochenbettgericht. Der Salat kann gut vorbereitet und im Kühlschrank bis zu 24 Stunden gelagert werden. Lediglich den Postelein (auch Portulak genannt) sollten Sie immer erst unmittelbar vor dem Verzehr dazugeben.

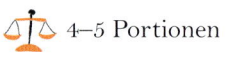 4–5 Portionen

 2 Stunden

 Gut vorzubereiten
Auf Vorrat

Wochenbettsüppchen

Dieses nahrhafte und kraftspendende Süppchen ist DAS Wochenbettgericht. Die Brühe können Sie drei Tage im Kühlschrank aufbewahren und portionsweise aufwärmen. Ich rate dazu, sie nicht einzufrieren, sondern frisch gekocht zu genießen. Die blutnährende Angelikawurzel, auch Dang Gui genannt, bekommen Sie in Apotheken, die chinesische Kräuter anbieten.

200 g Karotten
100 g Pastinaken
200 g Fenchel
20 g Ingwer
1 Biosuppenhuhn
1 TL Kümmel
1 TL Fenchelsamen

1 Rosmarinzweig
1 TL Angelica-sinensis-
   Wurzel, geschnitten
Saft 1 Biozitrone
Meersalz
Hefeflocken

Zubereitung

1 Das Gemüse waschen und schälen bzw. putzen. In grobe Stücke schneiden. Den Ingwer schälen und in feine Scheiben schneiden.

2 Das Huhn unter fließendem kaltem Wasser waschen und zusammen mit Gemüse, Ingwer, Kümmel, Fenchelsamen, dem Rosmarinzweig und der Angelikawurzel in einen Topf geben. So viel kaltes Wasser angießen, dass alles bedeckt ist.

3 Die Suppe zum Kochen bringen. Anschließend bei leichter Hitze mindestens 1 ½ Stunden köcheln lassen.

4 Fleisch, Gemüse und die Gewürze mit einem Schaumlöffel aus der Brühe nehmen.

5 Das Fleisch von den Knochen lösen, in mundgerechte Stücke zerteilen und wieder in die Brühe geben.

6 Vor dem Verzehr jede Portion mit etwas Zitronensaft, Meersalz und Hefeflocken würzen.

7 Als Einlage bieten sich an: gekochte Nudeln, Grießklößchen, Pfannkuchenstreifen, Gerstengraupen oder auch ein verquirltes Ei oder Eierstich.

 2 Portionen    Auf Vorrat

 1 Stunde

Apfelkrapfen mit Mohnbutter

200 g Dinkelmehl Type 1050
2 Prisen Salz
2 Eier
6 EL Wasser
1 TL Obstessig
350 g Äpfel, z. B. Boskop
   oder Jonagold

5 EL Rosinen
5 EL Mandeln, gemahlen
3 EL Butter
100 ml Milch
2 EL Dampfmohn,
   gemahlen
1 EL Zucker

**Die besten Apfel-
krapfen macht meine
Oma Bärbel. Ich
habe das Rezept
etwas abgewandelt
und mit nahrhafter
Mohnbutter ergänzt.
Diese feinen Krapfen
schmecken sowohl
warm als auch als
kalter Snack. Sie
können aber auch
einzeln eingefroren
werden und sind so
eine nahrhafte süße
Mahlzeit auf Vorrat.**

Zubereitung

1   Das Mehl in eine Schüssel sieben und in die Mitte eine Mulde
    drücken. Salz, Eier, Wasser und Obstessig hineingeben. Mit den
    Knethaken des Handrührgeräts oder von Hand zu einem glatten
    Teig kneten und unter einer vorgewärmten Schüssel 10 Minu-
    ten ruhen lassen.

2   Die Äpfel schälen, das Kerngehäuse entfernen und das Frucht-
    fleisch fein raspeln.

3   Den Teig auf einer bemehlten Unterlage dünn ausrollen und
    kurz antrocknen lassen. Die Apfelraspel mit den Rosinen und
    den Nüssen vermengen und auf der Teigplatte verteilen.

4   Den Teig vom breiteren Ende wie einen Strudel aufrollen und
    in 5 Zentimeter breite Stücke schneiden. In einer tiefen Pfanne
    1 Esslöffel Butter zerlassen und die Krapfen mit der offenen
    Seite nach unten hineingeben. Von beiden Seiten anbraten.

5   Die Milch mit 100 Milliliter Wasser vermengen. In die Pfanne
    mit den Krapfen gießen. Zugedeckt bei mittlerer Hitze etwa
    20 Minuten garen. Bei Bedarf zusätzliche Flüssigkeit angießen.

6   Die restliche Butter in einer zweiten Pfanne zerlassen und den
    Mohn darin mit dem Zucker leicht karamellisieren.

7   Die Apfelkrapfen mit der Mohnbutter servieren.

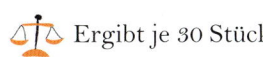 Ergibt je 30 Stück  Auf Vorrat

 1½ Stunden

Zweierlei Energie-Stillkugeln

Energiekugeln, fruchtig

100 g Datteln
50 ml Schlehenelixier
  (z. B. von Weleda)

20 g Sesamsamen, geschält
1 EL Zucker
200 g Mandeln, gemahlen

Zubereitung

1 Die Datteln entkernen, klein schneiden und in dem Schlehenelixier mindestens 1 Stunde einweichen.
2 Den Sesam mit dem Zucker in einer Pfanne bei mittlerer Temperatur goldbraun anrösten.
3 Die Datteln mit den Mandeln verkneten, kleine Bällchen formen und diese in dem Sesam wälzen.

Energiekugeln, frisch

50 g Trockenfrüchte, ungeschwefelt, z. B. Aprikosen
50 g Amaranth, gepoppt
100 g Naturjoghurt
100 g Sahne
25 g Butter

75 g Haferflocken
20 g Rohrohrzucker
80 g Cashewkerne
je 20 g Gold-Leinsamen
  und Sonnenblumenkerne,
  frisch geschrotet

Den Klassiker für die berühmten Stillkugeln finden Sie in dem Buch „Die Hebammen-Sprechstunde" meiner Schwiegermutter, Ingeborg Stadelmann. Dadurch angeregt, habe ich für dieses Buch zwei neue leckere Varianten ausprobiert. Die Kugeln bewahren Sie am besten gut verschlossen im Kühlschrank auf; sie sind so eine Woche haltbar.

Zubereitung

1 Die Trockenfrüchte klein schneiden und mit Amaranth, Joghurt und Sahne vermengen. 1 Stunde quellen lassen.
2 Die Butter in einer Pfanne zerlassen und die Haferflocken darin bei mittlerer Hitze goldbraun rösten, bis sie duften.
3 Die Cashewkerne fein mahlen und mit dem Müsli und den Haferflocken verrühren. Daraus Bällchen formen und diese in den Leinsamen und Sonnenblumenkernen wälzen.

WILLKOMMEN
BABY!

Ernährung in der Stillzeit

Stillen ist das Beste für Ihr Baby. Muttermilch enthält wichtige immunstärkende Substanzen und Abwehrstoffe, die es in den ersten Lebenswochen vor Erkrankungen schützen können: Bakterien zum Aufbau einer gesunden Darmflora, geringe Mengen fremder Eiweißmoleküle und Geschmacksstoffe aus der mütterlichen Nahrung, die das Immunsystem des Babys trainieren und die Geschmacksprägung fortsetzen, dazu alle wichtigen Nährstoffe für die ersten Monate. Vor dem fünften Monat sollte Ihr Baby deshalb auch noch keine anderen Nahrungsmittel bekommen. Ausnahme sind spezielle Fertigmilchpulver, falls das Stillen nicht ausreichend klappt.

Stillen will von Mutter und Kind gelernt sein. Lassen Sie sich keinesfalls wegen Schwierigkeiten zu Anfang verunsichern oder sogar zum Abstillen bewegen. Professionelle Hilfe bieten Hebammen und Stillberaterinnen; sie haben Erfahrung und können Ihnen bei der richtigen Pflege der Brust, der Auswahl von BH und Stilleinlagen, den verschiedenen Stilltechniken und -positionen sowie Stillabständen, Stilldauer und kleinen Problemen, vor die der Säugling Sie möglicherweise stellt, wertvolle Ratschläge geben.

> An die exklusive Zusammensetzung der Muttermilch kommt Säuglingsnahrung nicht heran.

● Hebammen-Tipp

Stillen sollte das Ziel jeder Mutter sein. Denken Sie bei einem Mangel an Milch nicht gleich ans Abstillen. Stellen Sie Ihrem Kind jeden Tropfen Muttermilch zur Verfügung, und setzen Sie sich nicht unter Druck. Geduld, Ruhe und Vertrauen sind neben Stillberatung und Hilfe aus der Naturheilkunde die wichtigsten Maßnahmen. Wir Hebammen kennen Kräuter, Aromamischungen und homöopathische Arzneien, die milchfördernd wirken, und wir stehen Ihnen so lange mit Rat zur Seite, wie Sie dies benötigen.

Hebammenhilfe ist übrigens eine Kassenleistung. Nehmen Sie diese in Anspruch, oder suchen Sie eine Stillberaterin auf, die Sie mit hilfreichen Hinweisen unterstützen wird.

Das Stillen hat nicht nur positive Wirkungen auf den Säugling, auch die stillende Mutter profitiert davon. Der durch die Milchproduktion hohe Bedarf an Kalorien verzeiht außerdem die eine oder andere süße „Sünde", die Sie nach durchwachten Nächten bestimmt manchmal benötigen werden.

Die Vorteile des Stillens

Für das Baby:
- Stillen ernährt das Baby auf individuelle Art und Weise, optimal angepasst an seine Lebensumstände und Bedürfnisse.
- Die Muttermilch liefert wertvolle Abwehrstoffe und fördert einen gesunden Darmaufbau. Gestillte Kinder haben seltener Atemwegserkrankungen, Harnwegsinfektionen oder Mittelohrentzündungen.
- Durch das Saugen an der Brust wird die Kiefer- und Zahnentwicklung gefördert, und es werden viele Muskeln und Muskelgruppen im Bereich des Gesichts trainiert, die für das spätere Erlernen des Sprechens wichtig sind.
- Der enge Hautkontakt stärkt das Urvertrauen und die emotionale Entwicklung des Säuglings.
- Ausschließliches Stillen in den ersten vier Lebensmonaten beugt der Entstehung von Allergien vor.

Für die Mutter:
- Stillen fördert eine rasche Rückbildung der Gebärmutter bereits im Wochenbett.
- Das Stillhormon Prolaktin fördert eine enge Bindung zwischen Mutter und Kind.
- Stillen und eine ausreichend lange Stilldauer verringern das Risiko, an Brustkrebs und Eierstockkrebs zu erkranken.
- Durch den erhöhten Energieverbrauch erreichen stillende Mütter schneller ihr Ausgangsgewicht wieder.
- Stillen spart Zeit und Geld, die Nahrung ist jederzeit optimal temperiert und hygienisch verfügbar, und es schont die Umwelt, da weder Produktion, Transport noch Abfall anfällt.

Bei einer stillenden Mutter bildet sich die Gebärmutter schneller zurück, und das Risiko, an Brustkrebs zu erkranken, sinkt.

> **⊙ Hebammen-Tipp**
> Prolaktin ist die Ursache von so manch „trauriger" Stimmung.
> Freuen Sie sich darüber! Ihre Niedergeschlagenheit bedeutet,
> dass Sie nun dieses so wichtige Hormon ausschütten, die Milch-
> bildung funktioniert also. Zudem ist Prolaktin verantwortlich
> für eine gewisse Vergesslichkeit ... Lassen Sie sich also ruhig
> etwas treiben im Mutteralltag, vergessen Sie im Augenblick die
> Dinge, die zumindest derzeit nicht wichtig sind. Keine Sorge,
> das Neugeborene ruft Sie – das vergessen Sie niemals.

Die Zusammensetzung der Muttermilch

Die Menge und die Zusammensetzung der Muttermilch verändert
sich in den ersten Tagen und Wochen des Stillens stetig. Dabei
passt sie sich den Bedürfnissen des Neugeborenen optimal an.
Obwohl die Qualität und die Menge der Muttermilch weitgehend
unabhängig von der Ernährung der Mutter sind, ist es wichtig,
dass Sie sich ausgewogen und gesund ernähren. Denn die Produktion der Muttermilch geht sonst zu Lasten Ihrer Nährstoffver-
sorgung.

Die erste Milch, die Ihr Körper für Ihr Baby produziert, ist die
sattgelbe Vormilch, auch Kolostrum genannt. Sie ist besonders
eiweißreich und für das Neugeborene leicht verdaulich. Auch Vitamine, Mineralstoffe und Immunglobuline sind in hohem Maß enthalten. Durch diese konzentrierte Zusammensetzung genügen
Ihrem Baby schon kleine Mengen an Milch – ein idealer Start für
sein Verdauungssystem. Auch der Magen des Neugeborenen ist
anfangs noch winzig klein, am ersten Tag nur murmelgroß; er
dehnt sich erst im Laufe der Zeit durch die steigende Flüssigkeitsaufnahme; am siebten Tag hat er etwa die Größe eines Tisch-
tennisballs erreicht.

Mit zunehmender Anlegefrequenz in den ersten Tagen erhöht
sich die Menge der produzierten Milch, und damit verändert sich
die Trinkmenge des Kindes genauso, wie sich die Zusammenset-

> Die mehrmonatige
> Stillzeit und die
> oft kräftezehrende
> Zeit mit einem Neu-
> geborenen fordern
> Sie. Achten Sie daher
> auf sich!

zung der Muttermilch verändert. Als stillende Mutter bemerken Sie zwischen dem dritten und fünften Wochenbetttag das Einschießen der Milch daran, dass Ihre Brüste merklich voller, praller und fester werden. Bereitet Ihnen der Milcheinschuss Probleme, bieten auch hier Hebammen und Stillberaterinnen Hilfe an. Die nun produzierte Übergangsmilch ist immer noch fettarm. Nach und nach wird sie immer fett- und kohlenhydratreicher, bis dann die reife Muttermilch fließt. Auch diese Milch passt sich stets den Bedürfnissen des Kindes an. Beispielsweise fließt beim Anlegen zunächst nährstoffärmere Milch, die den Durst des Säuglings stillt. Nach längerem Trinken folgt die fettreiche, in ihrer Konsistenz fast cremige Hintermilch. Aus diesem Grund ist es auch wichtig, dass sich Ihr Baby immer in Ruhe und ungestört satt und jede Brust leer trinken kann. Nur so bekommt es diese nährende und sättigende Milch. Das kann durchaus 15−20 Minuten dauern. Mit Bäuerchen machen und Wickeln kann eine Stillmahlzeit somit fast eine Stunde dauern. Danach vergehen meist 2−4 Stunden, bis sich Ihr Säugling erneut hungrig meldet.

Entgegen früheren Empfehlungen wird heute nicht mehr in exakten zeitlichen Abständen gestillt, sondern individuell nach dem Verlangen des Babys. Auch die Dauer des Stillens unterliegt keinen festen Regeln. Für ein befriedigendes Stillen ist es wichtig, dass Sie sich in Ruhe, ohne Stress, Hektik und Ablenkung auf Ihr Baby konzentrieren können.

> Achten Sie auf eine entspannte Haltung, und stellen Sie sich am besten immer ein großes Glas Wasser, Saft oder Kräutertee sowie einen kleinen Snack bereit.

Die Zusammensetzung der Muttermilch

In 100 g	Energie (kcal/kJ)	Milch-zucker (g)	Fett (g)	Eiweiß (g) Protein
Kolostrum	54/226	5,1	1,9	2,7
Übergangsmilch	62/259	5,4−6,0	3,6	1,6
reife Muttermilch	67/280	6,5−6,8	3,5−3,8	1,2
Kuhmilch zum Vergleich	66/276	4,7	3,5	3,3

Quelle: Mändle, Opitz-Kreuter, Wehling: Das Hebammenbuch, Schattauer Verlag, Stuttgart 1995

> ⦿ **Hebammen-Tipp**
> Neben den Immunglobulinen enthält die Muttermilch essen-
> zielle Fettsäuren, z. B. Linolsäure und γ-Linolensäure. Diese
> bieten einen wesentlichen Schutz vor Hauterkrankungen und
> Allergien. Muttermilch ist die beste Prophylaxe bei Veranla-
> gung zu Neurodermitis.

Was soll und darf eine stillende Mutter essen?

Zunächst einmal ist es wichtig, dass Sie sich während der Stillzeit
ausgewogen und gesund ernähren. Eine einseitige Ernährung oder
das bewusste Weglassen bestimmter Nahrungsmittel kann rasch
zu Mangelerscheinungen führen. Verzehren Sie, wie schon in der
Schwangerschaft, eine Vielfalt unterschiedlicher Lebensmittel aus
allen Ebenen der Ernährungspyramide. Besonders wichtig ist jetzt
eine ausreichende Flüssigkeitsaufnahme, da die Muttermilchproduktion auch von dieser profitiert. Auch der Energiebedarf steigt
nochmals um rund 600 kcal/Tag auf etwa 3000 kcal/Tag. Auch
hier gilt es, diesen Mehrbedarf nicht durch Süßigkeiten und raffinierte Fette zu decken, sondern durch natürliche und nahrhafte
Lebensmittel.

> Besonders wertvoll
> sind frisches Obst
> und Gemüse, voll-
> wertige Getreide-
> produkte, hochwer-
> tiges Eiweiß und
> native Pflanzenöle.

  Ihr Baby erhält durch das Stillen allerlei Eindrücke von Ihrer
Ernährung. In manchen Fällen kann es sein, dass dem Säugling
manche Speisen nicht bekommen, er hat möglicherweise Blähungen
oder einen wunden Popo. Besonders in der ersten Zeit reagieren
die Kleinen sensibel. Haben Sie den Eindruck, dass sich die Beschwerden auf ein bestimmtes Nahrungsmittel festlegen lassen,
verzichten Sie ein paar Wochen darauf, und probieren Sie es dann
in kleinen Mengen wieder aus.

  Neue Lebensmittel, die möglicherweise problematisch sein
könnten, sollten Sie dann am besten nur im Abstand von zwei
bis drei Tagen in Ihren Speiseplan aufnehmen. Auf diese Weise
können Sie leichter herausfinden, ob Ihr Baby das Lebensmittel
gut verträgt.

Die wichtigsten Nährstoffe in der Stillzeit

Nährstoff	Enthalten in	Bedarf pro Tag (1 Portion = 1 Stück bzw. 1 Handvoll)
Eiweiß	Fleisch, Fisch, Eiern	1–2 Portionen
	Hülsenfrüchten, Nüssen	1 Portion
	Milchprodukten	1–2 Portionen
Kohlenhydrate	Vollkornprodukten, Kartoffeln	4–5 Portionen
	Obst	2–3 Portionen
	Honig, Dicksäften, Zucker	max. 1 Portion
Fette	nativen kaltgepressten Pflanzenölen, Fischölen, Butter	2–3 Esslöffel, Abwechslung bevorzugen
	Sahne, Kokosmilch	1–2 Esslöffel
	Schmalz	max. 1 Portion
	Süß-, Back-, Wurstwaren (versteckte Fette)	
B-Vitamine, v. a. B1, B6 und Folsäure	Vollkorngetreide, Getreidekeimlingen, Nährhefe	3 Portionen (auch im Rahmen der Kohlenhydrate)
	grünem Blattgemüse, z. B. Feldsalat, Spinat, Mangold	2 Portionen (im Rahmen der 5 Portionen Obst/Gemüse am Tag)
Carotinoide	gelbem, orangem, rotem Obst und Gemüse, z. B. Karotten, Kürbis, Aprikosen, Mangos, Melonen	1 Portion (im Rahmen der 5 Portionen Obst/Gemüse am Tag)
Magnesium	Vollkorngetreide, Getreidekeimlingen	3 Portionen (auch im Rahmen der Kohlenhydrate)
Vitamin C	frischem Obst und Gemüse	5 Portionen
Vitamin E	nativen kaltgepressten Pflanzenölen, Getreidekeimlingen, Nüssen	2–3 Esslöffel (auch im Rahmen der Fette)

Eine ausgewogene Ernährung mit mindestens fünf Portionen Obst und Gemüse, Vollkorngetreide, hochwertigen Pflanzenölen und nach Wunsch Fleisch, Fisch, Eiern, Hülsenfrüchten, Nüssen und Milchprodukten versorgt Sie mit allen wichtigen Nährstoffen.

„Problematische" Lebensmittel sind:

- Exotische und säurereiche Früchte wie Kiwis, Ananas, Zitrusfrüchte;
- säurehaltige Getränke wie Früchtetee und säuerliches Gemüse wie beispielsweise Tomaten;
- scharfe Gewürze wie Chili, Tabasco und Pfeffer (sie begünstigen in manchen Fällen einen wunden Popo, werden jedoch – in kleinen Mengen verzehrt – zumeist gut und problemlos vertragen);
- Lauch, Zwiebeln, Knoblauch, Hülsenfrüchte, Kohlsorten, Zwetschgen, Hefeteig, reifer Käse (sie können Blähungen verursachen; genießen Sie auch diese Lebensmittel zuerst vorsichtig in kleinen Mengen, und streichen Sie sie bei Reaktionen des Babys für einige Wochen aus Ihrem Speiseplan);
- Spargel, Knoblauch und scharfe Gewürze, z. B. Curry, verändern den Geschmack der Muttermilch. Sind diese Geschmacksnoten für Ihr Baby unbekannt oder ungewohnt, kann es sein, dass es die Milch danach ablehnt. Dasselbe gilt übrigens auch für intensiv duftende oder parfümierte Körperpflegeprodukte. Am liebsten riecht Ihr Kleines immer Sie selbst!

Neben den genannten individuell verträglichen Lebensmitteln gibt es einige, auf die Sie während der Stillzeit zugunsten Ihres Babys verzichten sollten. Dazu gehört wie schon in der Schwangerschaft Alkohol, der auch über die Muttermilch zu Ihrem Baby gelangt. Etwa 30 Minuten nach der Aufnahme erreicht der Alkoholgehalt der Muttermilch sein Maximum und wird dann nach und nach abgebaut. Möchten Sie doch einmal ein Gläschen Wein oder Sekt genießen, tun Sie dies direkt nach einer Stillmahlzeit, und warten Sie mit dem erneuten Anlegen nach Möglichkeit zwei Stunden.

Koffein und koffeinähnliche Substanzen aus Schwarz-, Grün- und Matetee, aus Colagetränken, Kakao oder Schokolade erreichen nach Verzehr auch die Muttermilch. In manchen Fällen ist ein hoher Konsum dafür verantwortlich, wenn das Baby nur schlecht einschlafen kann, unruhig oder überreizt ist. Auf die belebende Tasse Kaffee nach einer durchwachten Nacht und das seelentröstende Stückchen Schokolade müssen Sie aber nicht verzichten. Genießen

> Bedenken Sie, dass Alkohol neben den unvorhersehbaren Auswirkungen auf die Gesundheit Ihres Kindes auch einen negativen Einfluss auf die Milchbildung hat und dadurch, wenn er regelmäßig konsumiert wird, Stillprobleme fördern kann.

Sie diese Lebensmittel bewusst und in Maßen, im Zweifelsfall auch direkt nach einer Stillmahlzeit.

Wurde früher eingehend über Schadstoffe in der Muttermilch diskutiert und eine Zeitlang sogar die Stilldauer bewusst eingeschränkt, sind sich die Weltgesundheitsorganisation (WHO) und die Nationale Stillkommission (NSK) heute einig: Stillen ist die ideale Nahrung für Ihr Baby. Der durchschnittliche Schadstoffgehalt der Muttermilch hat sich in den vergangenen Jahrzehnten außerdem immer mehr verringert. Zur Sicherheit sollten Sie aber weiterhin auf langlebige Raubfische und Innereien verzichten. Neben Schadstoffen aus der Nahrung spielen auch Chemikalien in Kleidung und anderen Textilien, elektronischen Geräten, Baumaterialien, der Wohnungseinrichtung, synthetische Duftstoffe in Körperpflegeprodukten und Kosmetika sowie zahlreiche Gifte aus Zigarettenrauch eine Rolle.

Einigen Lebensmitteln wird auch eine milchbildende Wirkung nachgesagt; sie sind zur Förderung der Muttermilchproduktion besonders geeignet.

> Babys lieben den Duft ihrer Mama – am besten ganz natürlich.

Vollkornprodukte enthalten viele wertvolle Nährstoffe und können mit ihrem hohen Vitamin-B-Gehalt die Milchproduktion unterstützen.

Lebensmittel mit milchbildender Wirkung sind:

- Hefeprodukte (sie sind reich an B-Vitaminen), hefehaltige Speisen und Getränke, z. B. alkoholfreies Bier, alkoholfreies Malzbier, Malzlimonaden, Hefeflocken und Hefeaufstriche. Bedenken Sie, dass selbst als alkoholfrei deklariertes Bier immer noch einen geringen Anteil an Restalkohol enthält. Malzlimonaden beinhalten viel Zucker. Beschränken Sie Ihren Konsum auf 1–2 Gläser/ Tag. Hefeflocken und -aufstriche sollten Sie zuerst in kleinen Mengen, z. B. 1–2 Teelöffel, probieren, da diese wie auch Hefegebäck Blähungen beim Neugeborenen fördern können.
- Vollkornprodukte (sie sind reich an B-Vitaminen). Haben Sie bisher keine Vollkornprodukte verzehrt, sollten Sie, zumindest bei grobem Vollkornbrot, auch diese zunächst in kleinen Mengen ausprobieren.
- Gewürze wie Anis, Fenchel, Kümmel und Kreuzkümmel, die auch in den meisten Stilltees enthalten sind, sollen die Milchbildung unterstützen. Außerdem haben sie aufgrund der enthaltenen ätherischen Öle blähungswidrige, entkrampfende und verdauungsfördernde Eigenschaften. Genießen Sie pro Tag 2–3 Tassen frisch aufgebrühten Tee, und würzen Sie nach Geschmack Ihre Speisen damit. Auch als Stillöl zum Einreiben der Brust zeigen die ätherischen Öle eine bewährte milchflussfördernde Wirkung.
- Pflanzensamen mit ihrem hohen Lezithingehalt (insbesondere Sonnenblumenkerne) wirken nährend und kräftigend; auch sie können die Milchbildung positiv beeinflussen.

> Milchbildend wirken Anis, Fenchel, Kümmel und Kreuzkümmel. Milchreduzierend wirken Pfefferminze und Salbei.

Bei zu viel Muttermilch können Lebensmittel mit milchreduzierender Wirkung Unterstützung bieten. Dies sind vor allem die Kräuter Salbei und Pfefferminze. Trinken Sie über den Tag verteilt 2–3 Tassen eines solchen Tees. Auch zur Reduktion der Milchmenge beim Abstillen können diese Kräuter hilfreich sein.

 Ergibt 3 Pfannkuchen

 Auf Vorrat

 30 Minuten

 Blitzrezept

Mandelpfannkuchen mit Walnuss-Dattel-Pesto

1 Ei
1 Prise Salz
100 ml Vollmilch, 3,5 % Fett
40 g Dinkelmehl Type 1050
1 EL süße Mandeln, gemahlen

1 EL Pflanzenöl
1 kleine Banane (etwa 100 g)
1 Spritzer Zitronensaft
1 EL Walnusskerne
2 Datteln, entkernt

Zubereitung

1 Das Ei aufschlagen und mit einem Schneebesen mit dem Salz verrühren. Die Milch löffelweise unter Rühren dazugeben. Das Mehl und die Nüsse dazusieben und unterrühren.

2 Eine Pfanne mit etwas Öl auspinseln und die Pfanne erhitzen. Eine Kelle Teig in die Pfanne geben und bei mittlerer Hitze einen Pfannkuchen ausbacken. Dabei einmal wenden. Mit dem restlichen Teig ebenso verfahren, dabei gelegentlich weiteres Öl in die Pfanne geben.

3 Die Banane mit einer Gabel mit dem Zitronensaft cremig schlagen. Die Nüsse und die Datteln fein hacken und unter die Banane rühren.

4 Die Pfannkuchen mit dem süßen Pesto bestreichen und aufrollen. Nach Belieben vor dem Verzehr mit etwas Puderzucker bestreuen oder warme Schokosauce dazu genießen.

Dieses nahrhafte Frühstücksgericht streichelt Gaumen und Seele – besonders nach anstrengenden Nächten. Die Pfannkuchen können auch gleich in größerer Menge zubereitet werden, denn sie eignen sich mit vielerlei Füllungen hervorragend als leckeres Fingerfood für zwischendurch.

 Ergibt etwa 7 Stück

 Gut vorzubereiten

 15 Minuten
plus 35–40 Minuten Backzeit

Schnelle Vitalbrötchen

1 großer Apfel (etwa 100 g),
  z. B. Boskop
250 g Magerquark
1 Ei
½ TL Salz
1 EL Pflanzenöl

250 g feines Vollkornmehl
1 TL Backpulver
30 g Sonnenblumenkerne
30 g Rosinen,
  ungeschwefelt

Zubereitung

1. Den Apfel schälen, entkernen und das Fruchtfleisch grob raspeln.
2. Den Backofen auf 180 °C (Umluft 160 °C) vorheizen.
3. Quark, Ei, Salz, Pflanzenöl, Mehl und Backpulver zu einem geschmeidigen Teig kneten. Sonnenblumenkerne, Rosinen und Apfelraspel gleichmäßig unter den Teig kneten.
4. Den Teig in sieben gleich große Stück teilen und daraus Brötchen formen. Die Brötchen im heißen Ofen 35–40 Minuten goldbraun backen.

Variation: Herzhafte Brötchen

Anstelle des Apfels 100 Gramm Karotten- oder Kürbisraspel unter den Teig kneten. Die Rosinen durch dieselbe Menge Maiskörner ersetzen.

Diese saftigen Brötchen liefern eine Menge essenzieller Nährstoffe. Außerdem sind sie blitzschnell und einfach zubereitet. Übrig gebliebene Brötchen können Sie auch gut einfrieren und bei Bedarf wieder aufbacken.

 1 Portion

 30 Minuten

 Blitzrezept

Gemüse-Kässpatzen

100 g Pastinaken
100 g Karotten
1 EL Olivenöl
100 g Dinkelmehl Type 1050
1 Ei

1 Prise Salz
50 ml Wasser
50 g milder Käse,
z. B. Emmentaler,
frisch gerieben

Zubereitung

1. Die Pastinaken und die Karotten schälen und grob raspeln.
2. Das Öl in einer Pfanne erhitzen und die Gemüseraspel darin etwa 10 Minuten weich garen.
3. Mehl, Ei, Salz und das Wasser mit einem Kochlöffel zu einem glatten Teig verarbeiten.
4. Einen großen Topf zu zwei Drittel mit Wasser füllen, salzen und das Wasser zum Kochen bringen. Den Teig durch einen Spätzlehobel ins Wasser geben. Sobald die Spätzle an der Oberfläche schwimmen, mit einem großen Sieb oder Schaumlöffel herausnehmen, in eine Schüssel geben und sofort mit dem Käse bestreuen.
5. Die Gemüseraspel unter die Kässpatzen heben und sofort servieren.

Variation: Süße Spatzen

Anstelle der Gemüseraspel 200 Gramm Apfel- oder Birnenraspel in 1 Esslöffel zerlassener Butter anschwitzen. Die Spätzle ohne Käse mit den Obstraspeln vermengen und mit Zimtzucker würzen.

> Kässpatzen sind ein traditionelles Gericht im Allgäu, und die besten gibt es bei meiner Oma Gretel. Klassisch werden sie mit reifem Bergkäse, ein wenig Romadur und in Butter gerösteten Zwiebeln zubereitet. Ich habe das Rezept ein wenig „stillfreundlich" abgewandelt und durch gesundes Gemüse, Olivenöl und milden Käse ergänzt.

 1 Portion

30 Minuten    Blitzrezept

Quitten-Kartoffelpuffer
mit Apfelmus

Diese schmackhaften
Puffer sind schnell
zubereitet und be-
sonders in der kalten
Jahreszeit ein stär-
kender Genuss.
Anstelle der Quitten
können Sie auch die-
selbe Menge Kar-
toffeln oder Süßkar-
toffeln verwenden.

300 g Kartoffeln
100 g Quitte
25 g Mehl
1 Ei
1 Prise Salz
2 EL Bratöl

150 g säuerlich schmeckende
    Äpfel, z. B. Boskop
je 1 Messerspitze Ceylon-
    Zimt-, Kardamom-
    und Nelkenpulver

Zubereitung

1   Die rohen Kartoffeln auf einer Gemüsereibe fein raspeln. Die
    Raspel durch ein feines Sieb ausdrücken und den austretenden
    Saft auffangen. Den Saft einige Minuten stehen lassen, bis sich
    die Stärke unten abgesetzt hat. Dann die Flüssigkeit abgießen
    und die Stärke wieder unter die Kartoffelraspel mischen.

2   Die Quitte waschen, eventuell abbürsten, Stiel und Kerngehäuse
    entfernen und das Fruchtfleisch zu den Kartoffeln raspeln.
    Mehl, Ei und Salz hinzufügen und alles zu einer gleichmäßigen
    Masse verkneten.

3   Das Öl in einer Pfanne erhitzen und mit einem Esslöffel die
    Kartoffelmasse portionsweise in das heiße Öl geben, flach
    drücken und die Puffer von beiden Seiten goldbraun backen.

4   Die Äpfel schälen und das Kerngehäuse entfernen. Das Frucht-
    fleisch in kleine Stücke schneiden und diese mit 50 Milliliter
    Wasser in einem Topf zugedeckt bei leichter Temperatur
    5 Minuten weich garen.

5   Die Gewürze unter das Apfelkompott mischen und noch warm
    zu den Puffern servieren.

 Ergibt 2 Wraps

 30 Minuten    Blitzrezept

Sesam-Buchweizen-Wraps mit Frischkäse und Lachs

Die Wraps sind tolles Fingerfood und blitzschnell zubereitet. Sie schmecken warm und kalt gleich gut. Soll es noch ein weniger schneller gehen, können Sie anstelle des Lachsfilets auch geräuchertes Forellenfilet oder Räucherlachs verwenden.

100 g Biolachsfilet (TK)
1 EL Sesamsamen, geschält
1 Ei
Salz
20 g Naturjoghurt
50 ml Vollmilch
60 g Dinkelmehl Type 1050
30 g Buchweizenmehl
2 Messerspitzen Backpulver
50 ml kohlensäurehaltiges
   Mineralwasser
1 EL frische gemischte
   Gartenkräuter, z. B. Kresse,
   Petersilie und Dill,
   fein gehackt

1 EL Sonnenblumenöl
   (alternativ Butter)
50 g Frischkäse
20 g Crème fraîche
   (alternativ Sauerrahm)
1 Prise Zucker
½ TL Zitronensaft
schwarzer Pfeffer
   aus der Mühle
½ Avocado
50 g Eissalat
1 hartgekochtes Ei
1 EL Olivenöl

Zubereitung

1   Das Lachsfilet bei Raumtemperatur auftauen lassen, unter fließendem kaltem Wasser abwaschen und anschließend trocken tupfen.

2   Den Sesam in einer Pfanne trocken rösten, bis er anfängt zu duften.

3   Das Ei aufschlagen und mit einem Schneebesen mit einer Prise Salz, Joghurt und Milch verrühren.

4   Das Mehl und das Backpulver darübersieben und einrühren, bis ein klumpenfreier, glatter Teig entsteht. Mineralwasser, Sesam und die Kräuter zügig unterrühren.

5   Eine Pfanne mit dem Öl ausstreichen und erhitzen. Mit einer
     Kelle Pfannkuchenteig hineingeben und gleichmäßig verlaufen
     lassen. Den Pfannkuchen von jeder Seite 2–3 Minuten goldgelb
     backen. Mit dem restlichen Teig in derselben Weise verfahren.

6   Den Frischkäse mit Crème fraîche, Zucker und Zitronensaft
     verrühren und mit Salz und Pfeffer würzen.

7   Die Avocado in kleine Würfel schneiden. Den Salat waschen
     und trocken schleudern. Anschließend in schmale Streifen
     schneiden. Das Ei schälen und und in kleine Würfel schneiden.

8   Den Lachs in mundgerechte Stücke schneiden. Das Olivenöl in
     einer Pfanne erhitzen und die Lachswürfel rundum 5 Minuten
     braten.

9   Die Pfannkuchen mit der Creme bestreichen, mit Avocado,
     Salat, Ei und Lachs belegen und zusammenrollen. Warm
     servieren.

> Für unterwegs rollen Sie die Wraps in Alufolie ein, und Sie haben einen köstlichen Snack für zwischendurch.

Variation: Rote-Bete-Matjes-Wraps

Anstelle des Lachsfilets 100 Gramm frischen Matjes in mundgerechte Stückchen schneiden. Den Salat und die Avocado durch
50 Gramm frische Rote-Bete- und 50 Gramm Apfelraspel ersetzen,
anstelle des Frischkäses 50 Gramm Sauerrahm verwenden.

 1 Portion

 30 Minuten    Blitzrezept

Hühnerfrikassee
mit Rosinen-Mandel-Reis

50 g Parboiled Reis
150 g Hühnerbrust
50 g Champignons
150 ml Gemüsebrühe
100 g TK-Erbsen
1 EL Rosinen, ungeschwefelt

100 ml Vollmilch
1 EL Butter
1 EL Dinkelmehl Type 1050
1 EL Mandelblättchen
1 TL Petersilie,
   fein gehackt

Zubereitung

1   Den Reis mit 150 Milliliter Wasser aufkochen lassen und etwa
    20 Minuten bei leichter Hitze weich kochen.
2   Die Hühnerbrust in Streifen schneiden. Die Champignons
    putzen und in Scheiben schneiden.
3   Die Gemüsebrühe in einem Topf zum Kochen bringen und
    Hühnerfleisch, Champignons und Erbsen hineingeben. Bei
    leichter Hitze etwa 10 Minuten köcheln lassen.
4   Die Rosinen 5 Minuten vor Garzeitende zum Reis geben.
5   Anschließend die Milch in den Topf mit dem Hühnerfleisch
    geben und nochmals zum Kochen bringen.
6   Die Butter mit dem Mehl verkneten und mit einem Schneebesen
    stückchenweise unter das Hühnerfrikassee rühren. Etwa
    2 Minuten weiterköcheln lassen.
7   Die Mandelblättchen und die Petersilie unter den Rosinenreis
    geben und mit dem Hühnerfrikassee servieren.

Dieses raffinierte
Gericht lässt sich
mit vielerlei Gemüse
vielseitig variieren.
Gut schmecken z. B.
auch Karotten-, Pasti-
naken- oder Kürbis-
stückchen. Besonders
cremig und auch ka-
lorienreich wird das
Frikassee, wenn Sie
statt der Milch süße
Sahne verwenden.

 2 Portionen

 15 Minuten

 Blitzrezept

Couscous mit Aprikosen und Mango

150 ml Kokosmilch
150 ml Milch
1 Messerspitze Bourbon-
   Vanillepulver
1 TL flüssiger Honig

100 g Couscous
100 g Aprikosen
50 g Mango
1 TL Kokosflocken

Zubereitung

1   Kokosmilch und Milch mit dem Vanillepulver und dem Honig aufkochen lassen und den Couscous einrühren. Etwa 10 Minuten quellen lassen.

2   Die Aprikosen und die Mango waschen bzw. schälen, entkernen und in kleine Stücke schneiden. Diese unter den Couscous heben.

3   Den Couscous noch warm servieren. Vor dem Verzehr mit den Kokosflocken bestreuen.

Variation: Beeren-Mandel-Couscous

Dieses süße Gericht enthält besonders viel Eisen. Planen Sie es daher öfter in Ihren Speiseplan ein.

Die Vollmilch durch 150 Milliliter Mandelmilch ersetzen. In den warmen Couscous 2 Teelöffel weißes Mandelmus einrühren und anstelle von Aprikosen und Mango 100 Gramm verlesene Beeren (Heidelbeeren, Himbeeren und/oder Erdbeeren) unterrühren.

Couscous besteht in der Regel aus kleinen Körnchen aus Hartweizenmehl und -grieß, die durch Dämpfen weich gegart werden. Dadurch wird er zu einer Blitzzutat in der Küche. Wer keine Kokosmilch mag, kann diese auch durch Vollmilch oder einen Teil süße Sahne ersetzen.

 1 Portion

 30 Minuten

 Blitzrezept

Mandel-Kaiserschmarrn mit Birnen

1 Birne (etwa 100 g)
1 Ei
2 EL Zucker
½ TL Abrieb 1 Biozitrone
1 EL Milch
25 g Dinkelmehl Type 1050

20 g Mandeln, gemahlen
50 g Crème fraîche
1 Prise Salz
1 EL Butter
1 TL Puderzucker

Zubereitung

1   Die Birne schälen, das Kerngehäuse entfernen und das Fruchtfleisch in feine Scheiben schneiden.
2   Das Ei trennen. Das Eigelb mit dem Zucker und dem Zitronenabrieb schaumig rühren. Milch, Mehl, Mandeln und Crème fraîche unter die Eigelbcreme rühren.
3   Das Eiweiß mit dem Salz steif schlagen und locker unter den Teig heben.
4   Die Butter in einer Pfanne zerlassen und den Teig einfüllen. Auf der Unterseite kurz Farbe nehmen lassen, dann die Birnenscheiben darauflegen. Den Schmarrn backen, bis die Unterseite goldgelb gebacken ist und sich gut lösen lässt. Anschließend wenden und von der anderen Seite backen.
5   Den Schmarrn mit einer Gabel in Stücke reißen, nochmals von allen Seiten backen und vor dem Servieren mit dem Puderzucker bestreuen.

> Diese gesunde und nahrhafte Mehlspeise schmeckt auch als köstlicher Nachtisch für zwei Personen.

Ergibt etwa 10 Riegel

15 Minuten + mindestens
6 Stunden zum Trocknen

 Blitzrezept

Haferflocken-Sesam-Riegel

50 g Zucker
30 g Butter
50 g flüssiger Honig
½ TL Ceylon-Zimtpulver,
   alternativ Lebkuchengewürz

100 g Haferflocken,
   zartblättrig
50 g Sesamsamen,
   geschält

Diese knackigen Riegel enthalten besonders viel Eisen. Wer möchte, kann auch gerne ein paar gehackte Nüsse, Sonnenblumenkerne oder klein geschnittenes Trockenobst hinzufügen. Oder Sie verwenden zur Abwechslung anstelle der Haferflocken Ihr Lieblingsmüsli.

Zubereitung

1   Zucker, Butter und Honig in einem Topf zerlassen und so lange unter Rühren köcheln lassen, bis die Masse zu karamellisieren beginnt.

2   Zimtpulver, Haferflocken und Sesam unterrühren. Die Masse ½ Zentimeter dick auf einen mit Backpapier ausgelegten Teller oder eine Platte streichen, in Riegel schneiden und auskühlen lassen. Am besten über Nacht an der Luft trocknen lassen.

Variation: Schoko-Kokos-Riegel

50 Gramm Schokolade (nach Wunsch) und 20 Gramm natives Kokosfett schmelzen lassen und die fertigen Riegel auf einer Seite damit bepinseln. 3 Esslöffel Kokosraspel gleichmäßig auf die Schokoladenseite streuen und gut trocknen lassen.

BABY-
PFUNDE
ADE!

Abnehmen nach der Schwangerschaft bzw. Stillzeit

Physiologische Veränderungen durch die Schwangerschaft und Rückbildung

Eine Schwangerschaft bringt viele Veränderungen des Körpers mit sich. Einige davon bleiben auch nach der Geburt noch sichtbar bestehen und bilden sich erst im Laufe der Zeit nach und nach zurück. Neben der Gewichtszunahme kommt es während der Schwangerschaft zudem zu einer Auflockerung des Bindegewebes und einer Dehnung von Bändern und Muskulatur. Bis der Körper wieder seine ursprüngliche Form und Figur hat, dauert es oft Monate. Eine gewichtsreduzierende Diät kurze Zeit nach der Entbindung bringt dabei kaum Erfolg; der Körper braucht Zeit, um sich wieder entsprechend zurückzubilden. Außerdem benötigen Sie in den ersten Wochen und Monaten mit Ihrem Baby eine Menge Kraft und Nerven. Eine Diät würde Ihnen nur wertvolle Reserven rauben. Während der Stillzeit sollten Sie überdies vermeiden, durch eine Diät Körperfett abzubauen, da eventuell frei werdende Schadstoffe sonst über die Muttermilch zu Ihrem Säugling gelangen können. Der erhöhte Kalorienbedarf durch das Stillen führt in den meisten Fällen sowieso dazu, dass die junge Mutter nach und nach die in der Schwangerschaft aufgebauten Fettpolster wieder verliert.

> Geben Sie Ihrem Körper Zeit, sich nach den Veränderungen während der Schwangerschaft zurückzubilden. Eine geeignete Rückbildungsgymnastik ist dabei sinnvoller als kräftezehrende Diäten.

Um bald wieder in Form zu kommen, ist es sinnvoll, nach Absprache mit Ihrer Hebamme oder Ihrem Frauenarzt schon bald mit einer geeigneten Rückbildungsgymnastik zu beginnen. Die Übungen unterstützen nicht nur die Rückbildung der Gebärmutter und die Stärkung der Beckenbodenmuskulatur, sie helfen auch, die Bauchmuskeln zu trainieren und eine gute Haltung zu erlangen. Krankenhäuser und die meisten Hebammenpraxen bieten solche Rückbildungskurse an. Sie werden von der Krankenkasse bezahlt. Wollen trotz Rückbildung und Gymnastik die Pfunde nicht weichen, dann können Sie diesen mit einer Kombination aus entsprechender Ernährung und Bewegung zu Leibe rücken.

Ausreichende Bewegung ist wichtig und unterstützt den Weg zum Wunschgewicht. Gemeinsam mit Ihrem Baby macht das gleich doppelten Spaß.

Sinnvoller Verlauf einer Gewichtsreduktion

5 Kilogramm übers Wochenende ... Bestimmt haben auch Sie schon von derlei Diäten gelesen, doch leider funktioniert das so nicht. Um 1 Kilogramm Körperfett abzubauen, müssen Sie 7.000 kcal einsparen oder mehr verbrauchen. Möchten Sie also 5 Kilogramm Körperfett verlieren, müssen Sie dementsprechend 35.000 kcal einsparen. Das entspricht bei einem durchschnittlichen Energieverbrauch von 2.000-2.500 kcal/Tag einer Zeitdauer von 14–18 Tagen, vorausgesetzt, Sie stellen jegliche Nahrungsaufnahme ein.

Um dauerhaft und gesund abzunehmen, sind maximal 2 Kilogramm pro Monat realistisch.

Die Menge an Energie, die Sie täglich verbrauchen, ist abhängig von verschiedenen Faktoren. Neben dem Grundumsatz, welcher den Kalorienverbrauch des Körpers bei völliger Ruhe, nur für die Aufrechterhaltung von Herzleistung, Stoffwechsel und Atmung, bezeichnet, spielt der aktive Leistungsumsatz für Bewegung und Sport eine Rolle. Für eine realistische und dauerhafte Gewichtsabnahme planen Sie maximal 2 Kilogramm pro Monat ein.

Ihren Grundumsatz können Sie nach der Harris-Bendict-Formel ungefähr berechnen: **10 x Körpergewicht (kg) + 6,25 x Körpergröße (cm) − 5 x Alter (Jahre) − 161 = Grundumsatz (kcal).**
Der Grundumsatz wird dann, je nach Leistungsintensität, multipliziert mit dem sogenannten PAL-Faktor („Physical Activity Level").

PAL-Faktor		
1,2	Nur sitzend oder liegend	Fernsehen, Lesen, Faulenzen, Bettlägrigkeit
1,4 − 1,5	Viel sitzend, wenig Bewegung, wenig Freizeitaktivitäten	Schreibtischtätigkeit, Bildschirmarbeit
1,6 − 1,7	Sitzende und stehende Tätigkeit	leichte Hausarbeit, z. B. Kochen
1,8 − 1,9	Überwiegend stehende und gehende Tätigkeit	Hausarbeit, z. B. Staubsaugen, Fensterputzen
2,0 − 2,4	Körperlich anstrengende Berufstätigkeit	Sport

Abgewandelt nach: Referenzwerte für die Nährstoffzufuhr, Deutsche Gesellschaft für Ernährung (DGE)

Durch mehr körperliche Tätigkeit erhöht sich auch Ihr täglicher Energiebedarf.

Beispielrechnung:

Frau, 32 Jahre, Gewicht 65 kg, Größe 165 cm
Grundumsatz: 10 x 65 + 6,25 x 165 − 5 x 32 − 161 = 1360 kcal
PAL-Faktor:
8 Stunden Hausarbeit 8 x 1,9 = 15,2
8 Stunden Freizeit   8 x 1,5 = 12,0
7 Stunden Schlaf   7 x 0,9 = 6,3
1 Stunde Joggen   1 x 2,2 = 2,2
Summe: 35,7 : 24 = 1,49
Gesamtumsatz in 24 Stunden = 1360 x 1,49 = 2026 kcal

Realistisch gesehen ist eine gesunde und effektive Gewichtsabnahme von etwa 500 g/Woche sinnvoll. Gleichzeitig sollte dabei Muskulatur aufgebaut werden, um den Grundumsatz aufrechtzuerhalten und einer wiederkehrenden Gewichtszunahme vorzubeugen. Und das erreicht man nur mit ausreichender Bewegung.

Bewegung im Mamaalltag

Übersicht über den durchschnittlichen Kalorienverbrauch bei verschiedenen Tätigkeiten:

Gestalten Sie Ihren Alltag aktiv mit bewussten Ruhepausen.

Tätigkeit	Kalorienverbrauch pro Stunde in kcal (Durchschnittswerte)
Staub wischen, Boden kehren, Tisch decken, Kochen, Kuchen backen, Einkaufen	150
Bügeln, Staub saugen, Fenster putzen, Betten beziehen	200 – 300
Baby wickeln, anziehen	150 – 200
Kinderwagen schieben	200
Flottes Gehen mit Kinderwagen	250 – 350
Yogaübungen	150 – 200
Gymnastik	250
Radfahren (15 km/h)	400
Nordic Walking, Joggen (9 km/h)	500 – 600
Brustschwimmen, Aerobic	600

Zurück zum Wohlfühlgewicht

Gesund abnehmen mit Genuss

Unbestritten ist, dass Fette von den energieliefernden Nährstoffen am meisten Kalorien, nämlich 9 kcal/g liefern, Kohlenhydrate (KH) und Eiweiße (EW) dagegen nur etwa halb so viel, 4 kcal/g. Das bedeutet, dass wir von KH und EW theoretisch doppelt so viel essen können wie von Fetten – und dies bei gleicher Kalorienzufuhr. Doch einige Fettsäuren sind auch essenziell, d. h. lebensnotwendig, und unentbehrlich für viele Funktionen wie Zellaufbau, Gehirnfunktion und Immunsystem. Außerdem sorgen sie für die Aufnahme und den Transport der fettlöslichen Vitamine A, D, E und K.

> Fett ist ein äußerst wichtiger Nährstoff. Achten Sie auf die richtige Qualität!

Auch als Geschmacksträger spielen in der Ernährung Fette eine Rolle. Wichtiger als eine rigorose Low-Fat-Ernährung ist die bewusste Aufnahme von essenziellen Fettsäuren und das Vermeiden von versteckten Fetten. Besonders die mehrfach ungesättigten Fettsäuren, welche vor allem in pflanzlichen Nahrungsmitteln wie

Bereichern Sie Ihren Speiseplan bewusst mit hochwertigen nativen Pflanzenölen.

Lachs, Makrele & Co. enthalten eine Menge essenzieller Fettsäuren, die Ihr Körper für viele wichtige Funktionen benötigt.

Pflanzenöle, Nüsse, Samen und fetter Fisch liefern essenzielle Power-Nährstoffe für einen gesunden Stoffwechsel.

Pflanzenölen, Nüssen und Samen, aber auch in Kaltwasserfischen wie Lachs, Hering oder Makrele, enthalten sind, sind wichtig für eine gesunde Ernährung. Gesättigte Fettsäuren kommen vor allem in Fleisch, Butter und Käse und als versteckte Fette in Fertigprodukten, Wurst, Kuchen und Schokolade vor. Sie werden vom Körper direkt als Energielieferanten verwendet und bei zu wenig Kalorienverbrauch in den Körper-Fettdepots gespeichert. Deshalb sollten Sie Nahrungsmittel mit einem hohen Anteil an gesättigten Fettsäuren nur in geringen Mengen verzehren.

Auch bei den Kohlenhydraten ist eine bewusste Ernährung wichtig. Kohlenhydrate sind unsere wichtigsten und effizientesten Energielieferanten. Der wichtigste Einfachzucker ist der Traubenzucker, auch Dextrose oder Glucose genannt. Alle anderen Zucker müssen zu Glucose abgebaut werden, um resorbiert und für unseren Körper verwendbar zu werden. Ohne Glucose würde keine Zelle des Körpers am Leben bleiben, sie ist unser bedeutendster Energielieferant und Betriebsstoff. Damit die Versorgung auch rund um die

Uhr gewährleistet ist (also auch nachts, wenn wir längere Zeit nichts essen oder bei intensiver körperlicher Anstrengung), hat unser Körper einen Kohlenhydratspeicher in Leber und Muskulatur. Wenn wir Kohlenhydrate verzehren, werden unsere Depots immer wieder aufgefüllt. Sind unsere Speicher voll und wir essen trotzdem mehr Kohlenhydrate, als wir im Moment als Energie verbrauchen, werden diese in Fett umgewandelt und als weiteres Energiedepot in Form von Körperfett gespeichert. So nutzt unser Körper alle aufgenommene Nahrungsenergie optimal aus. Problematisch kann der häufige Verzehr von „schnellen" Kohlenhydraten wie Zucker, Honig, Süßigkeiten, Softdrinks und Weißmehlprodukten wie Toast oder Nudeln werden. Essen wir über Jahre hinweg zu viel von diesen schnellen Kohlenhydraten, erhöht sich das Risiko für Übergewicht und Stoffwechselerkrankungen wie Diabetes.

> Verzichten Sie auf zu viele „schnelle" Kohlenhydrate wie Zucker, Süßigkeiten, Softdrinks und Weißmehlprodukte.

Ballaststoffe sind alles andere als unnötiger Ballast. Während Stärke, die in großer Menge in Kartoffeln, Getreide und Hülsenfrüchten enthalten ist, von unserem Körper noch gut zu Glucose abgebaut werden kann, ist dies bei den Ballaststoffen kaum oder gar nicht möglich. Aus diesem Grund liefern Ballaststoffe keine Energie und keine Kalorien. Sie sind aber sehr wichtig für die Darmfunktion und eine gesunde Sättigung. Besonders viele Ballaststoffe enthalten Vollkorngetreideprodukte und Gemüse.

Achten Sie darauf, möglichst wenig raffinierte und schnell verfügbare Kohlenhydrate wie Zucker oder Weißmehlprodukte, geschälten Reis und stärke- oder zuckerhaltige Fertigprodukte zu verzehren. Bevorzugen Sie komplexe Kohlenhydrate in ihrer natürlichen Form wie Vollkornprodukte, Obst und Gemüse. Diese liefern wichtige Vitamine und Ballaststoffe, und sie machen lange satt. So wie es die Natur vorgibt.

> Ballaststoffe sind gesund und wichtig. Achten Sie auf ausreichend Vollkornprodukte, Obst und Gemüse.

Abnehmen beginnt im Kopf und mit der richtigen Planung. Setzen Sie sich ein festes Datum, Ihr geplantes Wunschgewicht, und rechnen Sie zuerst die benötigte Abnehmdauer aus. Gehen Sie dabei von maximal 2 Kilogramm Gewichtsverlust pro Monat aus. Am besten halten Sie diese Zeit gleich im Kalender fest.

Bevor Sie mit dem Abnehmen beginnen, sollten Sie Ihre Vorräte entsprechend anlegen. Verbannen Sie möglichst alle Süßigkeiten

und Schleckereien aus Ihrem Vorratsschrank. Planen Sie Ihre Mahlzeiten im Voraus, und kaufen Sie nur hierfür ein.

Damit Sie schon im Supermarkt zu den richtigen Lebensmitteln
greifen, hier eine kleine Übersicht über die geeigneten Lebensmittel
zum gesunden Abnehmen:

Richtig einkaufen
für ein gesundes
Abnehmen.

Lebensmit-telgruppe	Geeignet	Weniger geeignet
Obst	Ballaststoffreiche Sorten wie Äpfel, Birnen, Beeren	Zuckerreiche Sorten wie Trauben, Bananen, Ananas, reife Mangos
Gemüse	Frisches Gemüse der Saison	Zuckerreiches Gemüse wie Mais, Erbsen, (Süß-)Kartoffeln
Milch-produkte	Vollmilch, fettreduzierte Milch, Buttermilch, Natur-joghurt, Quark, Kefir, Hütten-käse, Frischkäse Schnitt- und Hartkäse in kleinen Mengen	Sahne, Butter, Sahnejoghurt und -quark, größere Mengen Schnitt- und Hartkäse Zuckerhaltige Fertigprodukte wie Fruchtjoghurt, -quark, Buttermilchgetränke
Fleisch, Geflügel	Mageres Fleisch, z.B. Hüfte, Filet, Brust, fettarme Wurst-sorten wie Schinken, Kassler, Corned Beef	Fettreiches Fleisch wie Roastbeef, Hackfleisch, Bauch, fettreiche Wurstwaren wie Lyoner, Salami, Streichwurst
Fisch	Alle frischen Fischsorten	Dosenfische in Sauce
Hülsen-früchte, Nüsse, Samen	Alle Sorten, Nüsse und Samen in begrenzter Menge	Gesalzene, gesüßte und ummantelte Nüsse
Getreide	Vollkornprodukte, Getreide-flocken	Raffiniertes Getreide, Weißmehlprodukte, gesüßte Frühstückscerealien
Getränke	Wasser, Kräuter- und Früchte-tee (ohne Zuckerzusatz), Kaffee und Schwarztee in Maßen (2–3 Tassen pro Tag)	Säfte, Limonaden und Softdrinks, Energydrinks, Ins-tanttee, Kaffeegetränkepulver (z.B. Instant-Cappuccino), Alkohol

Die wichtigsten Tipps für erfolgreiches Abnehmen

- Setzen Sie sich realistische Ziele. Sinnvoll sind maximal 500 g/Woche.
- Sorgen Sie für einen niedrigen Insulinspiegel. Essen Sie zwischen den Hauptmahlzeiten möglichst vier Stunden lang nichts bzw. nur kohlenhydratarme Lebensmittel. Vermeiden Sie „schnelle" Kohlenhydrate wie Zucker, Weißmehl und Stärke und bevorzugen Sie stattdessen ballaststoffhaltige Vollkornprodukte.
- Vermeiden Sie Hungeranfälle. Lassen Sie keine der Hauptmahlzeiten aus und essen Sie sich mit den entsprechenden Abnehmgerichten richtig satt.
- Verzehren Sie Fette und Öle bewusst und in Maßen. Vermeiden Sie versteckte Fette und achten Sie auf ausreichend hochwertige Pflanzenöle. Essen Sie täglich maximal 60 g Fett insgesamt.
- Planen Sie Ihre Einkäufe im Voraus und kaufen Sie nur die Lebensmittel, die zum Abnehmen geeignet sind und die Sie wirklich benötigen.
- Essen Sie die richtigen Lebensmittel und diese mit Freude und Genuss.
- Sorgen Sie für ausreichende Bewegung.

Die wichtigsten Tipps für den Weg zu Ihrem Wunschgewicht.

◉ Hebammen-Tipp

Glücklich sein ist wichtiger als die Wunschfigur. Kinder messen ihre Mama nicht in Kilogramm, sondern in Liebe, Wärme, Nähe und Fröhlichkeit. Bedenken Sie, dass ein gutes Nervenkostüm wichtiger ist als die Traumfigur. Und mit etwas Zeit und Geduld stellt sich alles wieder ein.

 1 Portion

 15 Minuten

 Blitzrezept

Obstsalat mit Kokos-Quarkcreme

200 g Obst der Saison,
z. B. Erdbeeren, Himbeeren,
Äpfel, Ananas, Granatapfel,
Orangen
1 EL Limettensaft
50 g grünes Blattgemüse, z. B.
Spinat, Brennnesselblätter

150 g Quark, 20 % Fett
50 ml Kokosmilch,
ungezuckert
1 Messerspitze Abrieb
1 Biolimette
3 EL Amaranth, gepoppt

Zubereitung

1 Das Obst waschen, putzen, in mundgerechte Stücke schneiden und sofort mit dem Limettensaft beträufeln.

2 Das grüne Gemüse kurz abbrausen, trocken schütteln und klein hacken. Unter den Obstsalat mischen.

3 Den Quark mit dem Handrührgerät mit der Kokosmilch und dem Limettenabrieb cremig rühren.

4 Die Kokos-Quarkcreme vor dem Anrichten mit dem Amaranth bestreuen. Mit dem Obstsalat servieren.

Dieses gesunde, schnelle Rezept beinhaltet in Fülle Vitalstoffe, hat hingegen wenig Kalorien. Durch den hohen Eiweißgehalt und die Kokosmilch ist es besonders sättigend. Achten Sie bei der Auswahl des Obsts auf zuckerarme und ballaststoffhaltige Sorten. Weniger geeignet sind sehr süße Früchte wie Banane oder Weintrauben.

Sämtliche Gerichte in diesem Kapitel basieren auf einer kohlenhydratarmen, dafür eiweiß- und ballaststoffreichen Ernährung. Dadurch sind sie gut und lange sättigend und führen nur zu geringem Blutzucker- und Insulinanstieg. Aus diesem Grund wird, vor allem bei den Hauptmahlzeiten, auf die gewohnten kohlenhydratreichen Beilagen wie Nudeln und Kartoffeln verzichtet. Selbstverständlich können Sie diese nach Ihrem Bedarf und Ihrem Belieben ergänzen, vor allem, wenn Sie die Mahlzeiten für die ganze Familie zubereiten möchten. Wie bei allen Rezepten gilt auch hier die Faustregel: Mengenaufschlag pro Erwachsenen = 100 %, pro Kind etwa 50–75 %.

 1 Portion

 20 Minuten

 Blitzrezept

Kräuter-Zucchini-Frittata

100 g Zucchini
2 Artischockenherzen
  (ohne Öl eingelegt)
½ Schalotte
1 Ei
1 EL Milch
1 EL frische Kräuter, fein
  gehackt, z. B. Oregano,
  Petersilie, Rucola

1 Messerspitze Paprikapulver,
  edelsüß
Salz
schwarzer Pfeffer
  aus der Mühle
1 TL Olivenöl

Eiweiß ist der Power-Nährstoff für einen guten Start in den Tag. Diese herzhafte Frittata sättigt gut und anhaltend und versorgt Ihren Körper schon am Morgen mit vielen wertvollen Proteinen und Mineralstoffen.

Zubereitung

1   Die Zucchini waschen, putzen und grob raspeln. Die Artischockenherzen in kleine Stücke schneiden, die Schalotte schälen und fein hacken.

2   Das Ei und die Milch mit einem Schneebesen verquirlen. Die Kräuter und die Gewürze unterrühren.

3   Das Olivenöl in einer Pfanne erhitzen und die Schalotten darin goldgelb anschwitzen. Die Zucchini hinzufügen und unter mehrmaligem Rühren etwa 3 Minuten dünsten.

4   Die Eiermasse angießen und die Artischockenstücke darauf verteilen. Die Pfanne zudecken und die Frittata 3–4 Minuten stocken lassen. Vorsichtig umdrehen und von der anderen Seite in weiteren 3 Minuten goldbraun braten.

 1 Portion

 20 Minuten    Blitzrezept

Tofu-Gemüse-Pfanne

50 g Vollkornspaghetti
200 g buntes Gemüse, z. B.
   Karotten, Bambussprossen,
   Paprikaschoten, Champignons
50 g Frühlingszwiebeln

150 g Tofu, natur
1 EL Bratöl
2 EL Sojasauce, dunkel
50 ml Gemüsebrühe
1 daumennagelgroßes Stück
   Ingwer

Zubereitung

1 Die Spaghetti in reichlich Salzwasser nach Packungsanweisung
   bissfest kochen.
2 Das Gemüse waschen, putzen und in mundgerechte Würfel
   schneiden.
3 Die Frühlingszwiebeln putzen und in feine Ringe schneiden.
4 Den Tofu in 1 Zentimeter große Würfel schneiden.
5 Das Öl in einer Pfanne erhitzen und die Tofuwürfel darin
   rundum goldbraun rösten. Das Gemüse und die Sojasauce
   hinzufügen und kurz mit anbraten. Mit der Gemüsebrühe
   ablöschen. Das Ganze etwa 5 Minuten bissfest dünsten.
6 Den Ingwer schälen und fein reiben. Mit den Zutaten in der
   Pfanne vermengen. Vor dem Servieren die Nudeln unterheben.

Tofu ist ein hochwer-
tiger vegetarischer
Eiweißlieferant und
nicht umsonst als
Fleischersatz ge-
schätzt. Alternativ
können Sie auch ein
Rührei unter die
Nudeln und das Ge-
müse heben. Die
Nudeln dürfen nicht
weich, sondern nur
bissfest gekocht wer-
den; so sind sie län-
ger sättigend.

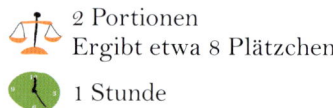

2 Portionen
Ergibt etwa 8 Plätzchen

1 Stunde

Kürbis-Kartoffel-Plätzchen mit Kräuter-Joghurt-Dip

250 g Kartoffeln
150 g Hokkaidokürbis
1 Ei
1 TL Kräutersalz
20 g Haferflocken
1 EL Olivenöl
Für den Dip:
50 g Naturjoghurt
50 g Quark, Magerstufe

30 ml Vollmilch
1 EL frische Kräuter,
    z. B. Petersilie, Dill
    oder Kerbel,
    fein gehackt
1 Prise Zucker
1 Prise Salz
1 Spritzer Zitronen-
    oder Limettensaft

Diese feinen Plätzchen enthalten eine ausgewogene Menge der Nährstoffe und versorgen Sie so bei wenig Kalorien optimal mit reichlich Vitalstoffen. Durch den Ballaststoffgehalt sind sie überdies gut und lang anhaltend sättigend. Anstelle des Kürbisses können Sie auch Blumenkohl oder geraspelte Karotten nehmen.

Zubereitung

1   Die Kartoffeln in einem Topf mit Wasser etwa 25 Minuten weich kochen. Den Kürbis waschen und auf einer Gemüsereibe grob raspeln. Die Raspel in einem Topf mit 30 Milliliter Wasser 5–10 Minuten weich garen.

2   Die Kartoffeln abgießen, noch warm schälen und durch die Kartoffelpresse drücken bzw. mit einem Kartoffelstampfer zerdrücken. Die Kürbisraspel unter die Kartoffelmasse mischen. Etwas abkühlen lassen.

3   Ei, Kräutersalz und Haferflocken unter die Kartoffel-Kürbis-Masse geben und das Ganze zu einem glatten Teig kneten. Aus dem Teig acht gleich große Plätzchen von etwa 4 Zentimeter Durchmesser formen. Das Olivenöl in einer Pfanne erhitzen und die Plätzchen von beiden Seiten je 5 Minuten braten.

4   Für den Dip den Joghurt mit Quark, Milch, den Kräutern, Zucker, Salz und Zitronen- oder Limettensaft verrühren und zu den Kürbis-Kartoffel-Plätzchen reichen.

 1 Portion

 30 Minuten    Blitzrezept

Fitness-Salat
mit gebackenem Camembert

150 g Blattsalat, z. B. Lollo
   rosso, Eichblattsalat oder
   Kopfsalat
50 g Rucola
100 g Orange
50 g Champignons
1 Ei
1 EL Dinkelmehl Type 1050
2 EL Sesamsamen, geschält

100 g Camembert
3 TL Pflanzenöl,
   z. B. Olivenöl oder Rapsöl
1 EL Aceto balsamico bianco
1 EL Wasser
1 TL Leinöl
½ TL Kräutersalz
1 EL Kresse

Zubereitung

1 Den Salat waschen, putzen, trocken schleudern und in eine
   große Schüssel zupfen.

2 Die Orange schälen, filetieren und in kleine Stücke schneiden.
   Die Champignons putzen und in feine Scheiben schneiden.
   Beides zu dem Salat geben.

3 Das Ei in einem tiefen Teller verquirlen. In einen zweiten tiefen
   Teller das Mehl geben und in einen weiteren den Sesam.

4 Den Camembert panieren, dabei zuerst im Mehl, dann im Ei
   und zuletzt im Sesam wenden.

5 Einen Teelöffel Öl in einer Pfanne erhitzen und den panierten
   Camembert darin bei mittlerer Hitze von beiden Seiten
   je 4–5 Minuten braten, bis er innen flüssig ist.

6 Aus Aceto balsamico, Wasser, dem restlichen Öl und dem
   Kräutersalz eine Vinaigrette herstellen. Den Salat mit der
   Vinaigrette vermengen und auf einem Teller anrichten. Den
   Camembert darauflegen. Zuletzt die Kresse darüberstreuen.

Der warme Camembert, kombiniert mit einem knackigen Salat und fruchtiger Orange, schmeckt großartig. Noch dazu punktet er mit viel Eiweiß und sehr wenig Kohlenhydraten. So bleiben Sie lange satt und vital.

 1 Portion

 45 Minuten

Lachs mit Kürbispommes

100 g Biolachsfilet (TK)
1 EL Olivenöl
½ TL Senf, mittelscharf
1 TL flüssiger Honig
½ TL Zitronensaft
1 TL heißes Wasser

2 Safranfäden
½ TL Fenchelsamen, gestoßen
300 g Hokkaidokürbis
Salz
schwarzer Pfeffer
   aus der Mühle

Der Lachs mit seinen hochwertigen Omega-3-Fettsäuren ergibt zusammen mit raffinierten und sättigenden Kürbispommes ein gesundes Genussgericht.

Zubereitung

1   Den Fisch bei Raumtemperatur auftauen lassen, unter fließendem kaltem Wasser abspülen und trocken tupfen.
2   Aus Olivenöl, Senf, Honig, Zitronensaft, Wasser und den Gewürzen eine Marinade zubereiten und den Fisch damit beidseitig bestreichen. Auf ein Stück Alufolie legen und im Kühlschrank 20 Minuten marinieren lassen.
3   Den Backofen auf 180 °C (Umluft 160 °C) vorheizen.
4   Den Kürbis waschen, putzen, entkernen und das Kürbisfleisch in fingerdicke Stifte schneiden. Mit Salz und Pfeffer würzen.
5   Die Kürbisstifte auf ein Backblech legen und im Ofen etwa 20 Minuten backen.
6   Den Lachs auf der Alufolie zu den Kürbispommes in den Backofen geben und während der letzten 15 Minuten mitgaren.

 1 Portion

 40 Minuten

Seelachs mit Gemüsesugo

100 g Seelachsfilet (TK)
200 g Fleischtomaten
1 ½ EL Olivenöl
½ Knoblauchzehe,
  fein gehackt
1 Karotte (etwa 100 g),
  gewürfelt
1 EL Tomatenmark
knapp 2 EL Zitronensaft
Salz

schwarzer Pfeffer
  aus der Mühle
etwas Chilipulver
1 Schalotte, fein gehackt
50 g TK-Blattspinat
1 EL Sauerrahm
50 g Feta, gewürfelt
1 Rosmarinzweig
½ Oreganostängel
1 Scheibe Biozitrone

Zubereitung

1 Das Seelachsfilet bei Raumtemperatur auftauen lassen, unter fließendem kaltem Wasser abwaschen und trocken tupfen.

2 Die Tomaten überbrühen, häuten und in kleine Würfel schneiden.

3 1 Esslöffel Olivenöl in einem Topf erhitzen und den Knoblauch sowie die Karotten darin anschwitzen. Das Tomatenmark zugeben und anrösten. Anschließend die Tomatenwürfel, etwa 1 ½ Esslöffel Zitronensaft und die Gewürze hinzufügen und das Ganze etwa 15 Minuten schmoren.

4 Das restliche Olivenöl in einem Topf erhitzen und die Schalotten 2–3 Minuten darin anschwitzen. Den Spinat dazugeben und 5 Minuten bei leichter Hitze dämpfen.

5 Den Backofen auf 180 °C (Umluft 160 °C) vorheizen.

6 Den Spinat mit etwa ½ Teelöffel Zitronensaft, Salz und Pfeffer würzen. Den Sauerrahm und Feta hinzufügen.

7 Ein Stück Alufolie (20 x 20 cm) mit der Spinatmischung bestreichen und Kräuter sowie Fischfilet darauflegen. Zu einem Päckchen falten und den Seelachs im heißen Ofen 15 Minuten garen.

Ein leckeres und gesundes Fischgericht, das mit Zutaten aus dem Tiefkühlfach schnell verfügbar ist. Natürlich können Sie auch frische Zutaten nach Saison verwenden. Der Seelachs versorgt Sie mit wertvollem Jod, das wichtig für einen funktionierenden Stoffwechsel ist.

 Ergibt 2 Stück

 30 Minuten    Blitzrezept

Gratinierte Omelettes

1 Karotte (etwa 100 g)
50 g Zucchini
2 TL Pflanzenöl
50 g mageres Rinderhack-
  fleisch
2 EL Tomatenmark
1 Prise Paprikapulver, edelsüß
Salz
schwarzer Pfeffer
  aus der Mühle

1 Ei
50 ml Milch
2 EL Vollkornmehl
½ TL Backpulver
1 Prise Salz
50 g Frischkäse
1 EL Sauerrahm
1 EL frisch geriebener
  Parmesan
1 EL Kresse

> Dieses leichte Ome-
> lett verbirgt eine
> saftige Füllung.
> Vegetarier können
> das Hackfleisch
> durch Sojaschnitzel,
> Tofu oder rote Lin-
> sen ersetzen.

Zubereitung

1   Die Karotte schälen, die Zucchini waschen und putzen. Anschließend beides grob raspeln.

2   Einen Teelöffel Pflanzenöl in einem kleinen Topf erhitzen und
das Hackfleisch darin krümelig braten. Tomatenmark, Gemüseraspel und die Gewürze hinzufügen und das Ganze bei leichter
Hitze 10 Minuten garen.

3   Das Ei trennen. Das Eigelb mit Milch, Mehl und Backpulver
verrühren. Das Eiweiß mit dem Salz zu steifem Schnee schlagen
und unterheben.

4   Das restliche Öl in einer beschichteten Pfanne erhitzen, die
Hälfte des Teigs einfüllen und von beiden Seiten 3–4 Minuten
backen. Mit dem restlichen Teig ebenso verfahren.

5   Den Backofen auf 150 °C (Umluft 130 °C) vorheizen.

6   Die Omeletts auf einer Hälfte mit Frischkäse und Sauerrahm
bestreichen, die Fleischfüllung daraufgeben und zusammen-
klappen. Mit dem Parmesan bestreuen und im heißen Ofen
10 Minuten überbacken. Vor dem Servieren mit Kresse bestreuen.

 1 Portion

40 Minuten

Mediterrane Putenroulade

100 g Zucchini
1 Putenschnitzel
Salz
schwarzer Pfeffer
  aus der Mühle
1 Messerspitze
  Paprikapulver, edelsüß
1 EL Frischkäse

2 getrocknete Tomaten,
  fein geschnitten
30 g Gorgonzola
2 Salbeiblätter
2 dünne Scheiben Parma-
  schinken
1 EL Olivenöl
150 ml passierte Tomaten
1 EL italienische Kräuter

Diese leckere, leichte Roulade benötigt keine separate Beilage. Aufgrund des feinen Inhalts und der köstlichen Sauce ein schmackhaftes und sättigendes Gericht.

Zubereitung

1   Die Zucchini waschen und putzen. 50 Gramm der Zucchini grob raspeln. Die restlichen 50 Gramm in kleine Würfel schneiden.

2   Das Putenschnitzel flach drücken und auf einer Seite mit Salz, Pfeffer und Paprika würzen.

3   Den Frischkäse auf das Schnitzel streichen. Zucchiniraspel, getrocknete Tomaten und den Gorgonzola darauf verteilen.

4   Das Fleisch von einem schmalen Ende aufrollen. Mit den Salbeiblättern und dem Parmaschinken umlegen. Gegebenenfalls mit Rouladennadeln feststecken.

5   Das Öl in einem Topf erhitzen und die Roulade darin rundum knusprig braun anbraten. Die passierten Tomaten, Zucchiniwürfel und die Kräuter hinzufügen und die Roulade bei leichter Temperatur etwa 20 Minuten garen.

 1 Portion

 Gut vorzubereiten

 1 Stunde

Auflauf mit Pfirsich und Hirse

50 g Hirse
150 g Kokosmilch
200 g reife Pfirsiche
1 Ei

1 Messerspitze Bourbon-
 Vanillepulver
1 Prise Salz
Butter für die Form

Zubereitung

1   Die Hirse in einem feinmaschigen Sieb unter heißem Wasser abspülen. Mit der Kokosmilch in einem Topf zum Kochen bringen. 5 Minuten leicht köcheln lassen, anschließend auf niedrigster Stufe unter gelegentlichem Rühren 20 Minuten quellen lassen.

2   Die Pfirsiche waschen, entkernen und das Fruchtfleisch in kleine Stücke schneiden. Die Pfirsichstücke unter die Hirsemasse mischen und 10 Minuten ziehen lassen.

3   Den Backofen auf 200 °C (Umluft 180 °C) vorheizen.

4   Das Ei trennen. Das Eiweiß mit dem Salz zu steifem Schnee schlagen.

5   Das Eigelb mit einem Teelöffel Wasser und dem Vanillepulver schaumig schlagen.

6   Die Hirse-Pfirsich-Masse unter die Eigelbmasse rühren und den Eischnee locker unterheben.

7   Die Masse in ein mit 1 Teelöffel Butter ausgestrichenes Auflaufförmchen füllen und im heißen Ofen etwa 20 Minuten backen.

Der süße Geschmack in diesem Rezept stammt ausschließlich vom Pfirsich. Die Kokosmilch sorgt für ein köstliches Südseearoma und außerdem für gute Sättigung.

 1 Portion

🕐 40 Minuten

Edelkastanien-Dinkel-Schmarrn mit Zwetschgenkompott

Durch den Einsatz von Kastanienmehl und gemahlenen Nüssen lässt sich bei diesem feinen Rezept der Kohlenhydratanteil deutlich verringern. Die Rosinen sorgen für die Süße. Sie bringen auch noch ein paar sättigende Ballaststoffe mit. Zusammen mit dem warmen Kompott ein leichter und schmackhafter Genuss.

2 EL Rosinen, ungeschwefelt
1 Ei
¼ TL Abrieb 1 Biozitrone
75 ml Vollmilch
30 g Dinkelmehl Type 1050
20 g Edelkastanienmehl
20 g Mandeln, gemahlen

1 Prise Salz
1 EL Sonnenblumenöl
etwas Zimtzucker
200 g Zwetschgen,
   gewaschen, entkernt
   und klein geschnitten
1 Prise Ceylon-Zimtpulver

Zubereitung

1   Die Rosinen klein schneiden und in wenig heißem Wasser 10 Minuten einweichen. Das Ei trennen. Das Eigelb mit dem Zitronenabrieb schaumig rühren. Milch, Mehl, Mandeln und die Rosinen unter die Eigelbmasse rühren.

2   Das Eiweiß mit dem Salz zu steifem Schnee schlagen und locker unter die Eigelbmasse heben.

3   Den Backofen auf 80 °C Ober-/Unterhitze vorheizen.

4   Eine Pfanne mit dem Öl auspinseln und erhitzen. Den Teig in die Pfanne geben und etwa 5 Minuten backen, bis er sich leicht vom Pfannenboden lösen lässt. Vorsichtig wenden und von der anderen Seite backen. Mit einer Gabel in Stücke reißen und unter Wenden nochmals rundum goldbraun backen.

5   Den Schmarrn in eine hitzebeständige Form geben und im Ofen 10 Minuten ziehen lassen. Mit Zimtzucker bestreuen.

6   Die Zwetschgen waschen, entkernen und die Früchte in kleine Stücke schneiden. Mit 2 Esslöffeln Wasser in einem Topf erhitzen und 5 Minuten köcheln lassen. Den Zimt hinzufügen und das warme Kompott zum Schmarrn servieren.

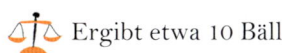 Ergibt etwa 10 Bällchen

 30 Minuten

 Auf Vorrat

 Blitzrezept

Würzige orientalische Falafeln

½ Schalotte
½ Knoblauchzehe
2 TL Petersilie,
   fein gehackt
100 g Kichererbsenmehl
3 Messerspitzen Kreuzkümmel

2 Messerspitzen Paprika-
   pulver, edelsüß
2 Messerspitzen Backpulver
1 TL Kräutersalz
1 EL Olivenöl
1 EL Rapsöl

Zubereitung

1 Die Schalotte und die Knoblauchzehe schälen und fein hacken.
2 Sämtliche genannten Zutaten sorgfältig miteinander vermengen und nach und nach 100 Milliliter heißes Wasser angießen, bis ein formbarer Teig entsteht.
3 Den Teig 10 Minuten quellen lassen. Anschließend mit feuchten Händen kleine Bällchen daraus formen.
4 Das Öl in einer beschichteten Pfanne erhitzen und die Bällchen darin rundherum anbraten. Zugedeckt etwa 15 Minuten garen.
5 Die Bällchen auf Küchenpapier abtropfen und auskühlen lassen und anschließend gut verschlossen im Kühlschrank aufbewahren.

Diese würzigen Bällchen enthalten eine Menge Eiweiß und sind deshalb optimal als kleiner Snack zwischendurch. Dazu schmecken knackige Gurkenstückchen und ein frischer Joghurtdip (siehe Rezept Seite 126). Die Falafeln sind im Kühlschrank drei Tage haltbar. Auch als sättigendes Hauptgericht mit einer Salatbeilage eignen sie sich.

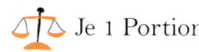 Je 1 Portion

 15 Minuten

⚡ Blitzrezepte

Geminzte Beereneiscreme

2 Minzblätter
150 g TK-Beeren, z. B. Himbeeren, Heidelbeeren oder Brombeeren

100 g Quark, Magerstufe
50 g Sahne
1 Messerspitze roter Pfeffer, gemahlen

Zubereitung

1   Die Minzblätter fein hacken. Die gefrorenen Beeren mit den Minzblättern, Quark und Sahne in der Küchenmaschine oder mit dem Pürierstab fein mixen.
2   Vor dem Servieren mit dem roten Pfeffer bestreuen.

> Diese erfrischend fruchtige Eiscreme mundet besonders an heißen Tagen. Die Beeren enthalten nur sehr wenig Zucker, dafür eine Menge sättigende Ballaststoffe und zudem wertvolle Mineralstoffe. Da darf es gerne eine Portion mehr sein.

Beeren-Zitrus-Sorbet

150 g TK-Beeren, z. B. Himbeeren, Heidelbeeren oder Brombeeren
1 Messerspitze Biozitronen- oder -limettenabrieb
50 ml Mineralwasser

50 ml Orangensaft, frisch gepresst
1 TL Zitronen- oder Limettensaft
2 Zitronenmelisseblätter

Zubereitung

1   Die Beeren mit dem Zitronen- oder Limettenabrieb, dem Mineralwasser und dem Orangen- und Zitronen- oder Limettensaft in der Küchenmaschine oder mit dem Pürierstab fein mixen.
2   Vor dem Servieren mit den Melisseblättern garnieren.

Weiterführende Literatur und Quellenangaben

Eine immer wieder wertvolle und hilfreiche Informationsquelle ist für mich das Buch *Die Hebammen-Sprechstunde* von Ingeborg Stadelmann.

Wer viele Informationen und Ratschläge rund um das Thema Stillen sucht, dem sei *Das Stillbuch* von Hannah Lothrop ans Herz gelegt.

Informationen zu Pflanzenölen finden Sie in dem gleichnamigen Buch *Pflanzenöle* von Ruth von Braunschweig.

Wichtiges Nachschlagewerk für alle Ernährungsthemen ist das Fachbuch *Ernährungsmedizin* der Autoren Biesalski, Bischoff und Puchstein.

Alle Daten zum Nährwertgehalt in Lebensmitteln stammen aus der Datenbank SFKDB (Souci-Fachmann-Kraut-Datenbank). Die D-A-CH-Referenzwerte für die Nährstoffzufuhr stammen aus den gleichnamigen Tabellen der DGE, ÖGE, SGE/SVE www.dge.de

Im Internet lohnt sich ein Blick auf die Seiten von:
Bundesinstitut für Risikobewertung (BfR)
www.bfr.bund.de
aid Infodienst
www.aid.de
Gesund ins Leben. Netzwerk junge Familie
www.gesund-ins-leben.de

Mehr über Naturheilkunde und Naturtextilien erfahren Sie unter www.natalie-stadelmann.de und www.stadelmann-natur.de

Quellenangabe für die Seite 23:
* Verena Sengpiel et al.; BMC Medicine 2013, 11:42

DANKE

meiner Mama und meinen beiden Omas – mit aller Liebe und dem größten Respekt!

DANKE

an Ingeborg und unsere Hebammen Ingrid und Brigitte – für Eure Hilfe, Eure großartige Arbeit, Eure Frauen-Power und zwei wunderschöne Geburten!

Rezeptregister

Hauptgerichte mit Fleisch

Süße Hauptgerichte

Für zwischendurch

Getränke

Stichwortregister

Impressum

1. Auflage 2014
© 2014 by Südwest Verlag, einem Unternehmen der Verlagsgruppe Random House GmbH,
81673 München
Die Verwertung der Texte und Bilder, auch auszugsweise, ist ohne Zustimmung des Verlags urheberrechtswidrig und strafbar. Dies gilt auch für Vervielfältigungen, Übersetzungen, Mikroverfilmung und für die Verarbeitung mit elektronischen Systemen.

Hinweis
Die Ratschläge/Informationen in diesem Buch sind von Autorin und Verlag sorgfältig erwogen und geprüft; dennoch kann eine Garantie nicht übernommen werden. Eine Haftung der Autorin bzw. des Verlags und dessen Beauftragten für Personen-, Sach- und Vermögensschäden ist ausgeschlossen.

Bildnachweis
Fotografie und Styling:
Maike Jessen, Hamburg
Foodstyling:
Diane Dittmer, Hamburg
mit Ausnahme von: Corbis, Düsseldorf: U1 (Heide Benser/RF), 74 (Blend Images/Jose Luis Pelaez, Inc.); Fancy RF: 24, 29; Fotolia: 118 (Alexander Raths); Getty Images, München: 32 (Science Photo Library/Ian Hooton), 88 (Blend Images/KidStock), 114 (Tetra images/Jamie Grill), 117 (Vetta/WillSelarep); iStockphoto: 6 (sborisov), 14 (Barcin); Jump Fotoagentur: 112 (Reinke Productions); Shutterstock: U1 (Volosina), 18 (matka_Wariatka), 96 (Sea Wave); Stockbyte RF: 2, 41., 8, 13, 72
Illustrationen:
Katja Muggli, München

Redaktionsleitung: Silke Kirsch
Projektleitung: Claudia Maria Weiß
Producing und Redaktion:
Ria Lottermoser
Bildredaktion: Annette Mayer
Korrektorat: Norbert Westermayer
Umschlaggestaltung: *zeichenpool, Milena Djuranovic, München
Layout: Katja Muggli
Grafik und Satz:
Elisabeth Petersen, München

Reproduktion:
Artilitho snc, Lavis (Trento)
Druck und Verarbeitung:
Alcione, Lavis (Trento)

Printed in Italy

FSC MIX Papier aus verantwortungsvollen Quellen FSC® C021956
www.fsc.org

Verlagsgruppe Random House
FSC® N001967
Das für dieses Buch verwendete FSC-zertifizierte Papier *Profimatt* wurde produziert von Sappi Alfeld, Ehingen.

ISBN: 978-3-517-08971-3